本书受到岭南师范学院人文社会科学研究人才专项项目“宏观货币政策、企业异质性与债务融资行为研究”的资助，项目编号：ZW1915。

货币政策、会计信息质量与债务融资

Monetary Policy, Accounting Information Quantity and Debt Financing

刘淑花 著

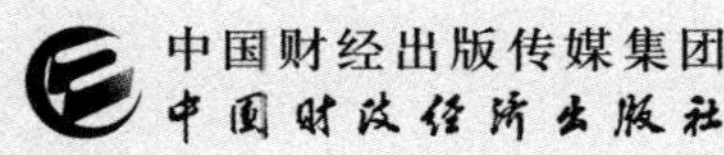

图书在版编目（CIP）数据

货币政策、会计信息质量与债务融资／刘淑花著．—北京：中国财政经济出版社，2019.8

ISBN 978－7－5095－8767－6

Ⅰ．①货… Ⅱ．①刘… Ⅲ．①货币政策－研究－中国 ②会计检查－研究－中国 ③企业债务－企业融资－研究－中国 Ⅳ．①F822.0 ②F231.6 ③F279.23

中国版本图书馆CIP数据核字（2019）第013315号

责任编辑：彭　波　　　　责任印制：刘春年

封面设计：卜建辰　　　　责任校对：胡永立

中国财政经济出版社 出版

URL：http：//www.cfeph.cn

E－mail：cfeph@cfeph.cn

社址：北京市海淀区阜成路甲28号　邮政编码：100142

营销中心电话：010－88191537

北京财经印刷厂印装　各地新华书店经销

710×1000毫米　16开　15印张　200 000字

2019年8月第1版　2019年8月北京第1次印刷

定价：68.00元

ISBN 978－7－5095－8767－6

（图书出现印装问题，本社负责调换）

本社质量投诉电话：010－88190744

打击盗版举报热线：010－88191661　QQ：2242791300

前　言

随着全球经济的持续波动，宏观货币政策成为各国调节经济运行的主要手段。当央行制定的货币政策在货币市场、金融市场中得到有效传导时，货币政策对于实体经济的影响才能发挥作用。既往货币政策对于实体经济的影响研究中，大部分集中在对于宏观经济产出的影响上，常将货币政策对于微观企业个体的影响忽略不计，将微观企业视为一个整体，不考虑每一个企业的异质性，然而企业自身财务特征不同，公司的融资约束不同、企业的产权性质不同，在面临宏观货币政策变动时会产生不同的政策效果，忽视个体差异、忽略微观层面货币政策效果的研究，导致了货币政策微观传导数据的缺失。由于我国资本市场还不够发达、企业外部融资渠道还比较单一，与西方发达国家相比我国企业的股权融资比例还比较低，我国企业资本结构中债务融资的比例较高，而且在债务融资中银行借款又是很多企业的主要债务资源，企业是否能够获得充足的债务资源，不仅仅受到企业自身财务状况、获利能力的影响，同时会受到资金供给的影响。我国当前的货币政策通过货币供应量和利率水平来调控市场上货币数量，当央行的货币政策发生波动时，市场的货币数量也必然随之变动，那么每个企业的融资行为和投资行为必将发生变动。以银行为代表的债权人，希望通过充分地了解企业信息降低对借款企业因信息不对称而带来的信贷错配风险，已有研究表明，提供高会计信息质量的企业能够缓解债务契约签订之前的逆向选择风险，降低契约执行过程中的道德风险，有利于债务契约的签订和执行，同时也会降低企业自身的融资约束。本书将综合运用货币政策传导机制理论、信贷配给理论、债务融资理论分析货币政策对微观企业的传导机制，采用微观企业数据实证检验货币政策的微观传导效果，同时检验企业的会计信息质量在货币政策与债务融资关系中的调节作用，本书将宏观经济政策与微观企业行为的结合具有一定的理论和现实意义。

当前对于货币政策经济后果的研究主要集中在宏观层面或者是产业层面上，对于微观企业的研究还不够全面，尤其是对债务融资的研究还没有完整的理论分析框架。以往学者对于货币政策与债务融资的研究主要集中在货币政策对于债务融资成本和可获得性的检验上，但是仅从债务融资的成本和可获得性进行分析不能全面反映债务融资的行为，债务融资还包括债务规模调整、债务融资方式选择和债务期限结构选择等问题，这些债务资源配置的效率也是检验货币政策实施效果的关键因素。本书从宏观货币政策变动的视角全面考察企业债务融资行为，货币政策是企业存在的宏观环境，当外部宏观环境变动时，企业主体的债务融资规模如何调整，债务融资方式及债务融资期限将发生怎样的变动？外部宏观环境通过什么机制影响到企业的债务融资？

本书以“文献梳理——理论分析——制度剖析——实证检验”为总体研究思路，以“货币政策传导机制——债务融资行为——会计信息质量——制度差异”为具体研究思路，构建多维度的理论分析框架，应用实证研究方法考察货币政策变动对于债务融资的影响。本书主要内容：首先对货币政策与债务融资、会计信息质量与债务融资等相关研究现状进行回顾和梳理，找出现有研究的不足，发现本书研究的方向和视角。同时应用货币政策传导机制理论分析了货币政策影响微观企业债务融资的传导机制，应用信贷配给理论、信息不对称理论分析会计信息对货币政策影响债务融资的调节作用。其次，对我国的制度背景和债务市场特征进行深入分析。本书分析我国现行货币政策采用的工具、中介目标及最终目标，以及梳理了我国货币政策的发展历程，清晰了货币传导机制的发展过程。介绍了我国特有的产权制度背景，分析制度特征对于企业债务融资及货币政策实施效果的影响。继而对我国上市公司的债务特征进行统计描述，从债务规模、债务融资方式、债务期限结构三个大方面统计了债务的基本特征，为后文的实证分析奠定现实基础。再次，本书实证检验了货币政策与债务融资之间的关系，从债务规模调整、债务融资方式和债务期限结构的视角全面考察货币政策变动对于债务融资的影响，在实证检验中还重点考察了会计信息质量对于货币政策与债务融资的调节作用，而且在检验中还将样本区分成国有企业和非国有企业，重点研究货币政策对于企业债务融资是否会有产权差异。研究结果表明，货币政策既可以通过利率渠道影响企业债务融资也可以通过信贷渠道影响企业债务融资，在央行执行紧缩的货币政策时，市场利率提高，金融机构资金供给数量减少的情况下，企业债务融资的成本将升高，债务融资规模调整的成本也会升高，企业债务规模向目标债务规模调整的速度变慢，企业私有债务融资的规模将下降，公开债务融资的规模上升，长期债务资金也会减少；相对于低会计信息质量的企业，高会计信息质量的企业可以通过提高自身会计盈余质量，增加会计信息的透明度，降低债权人因信息不对称而产生的风险，缓解外部宏观货币政策波动对于企业债务融资的冲击；与国有企业相比，非国有企业在货币政策变动时受到的冲击更加严重。最后，总结本书的主要研究结论，提出相关政策建议，找出本书的不足与后续研究内容。

本书的主要贡献：第一，本书选择从微观个体层面研究货币政策的传导效果，构建了货币政策影响企业债务融资的传导机制框架。本书采用银行间同业拆借利率和银行贷款规模的量化指标作为货币政策的代理变量，实证检验了货币政策的微观传导机制。本书从微观层面检验了货币政策的传导效果，明确了宏观政策对实体经济发展发挥作用的原理，从而为宏观政策的制定提供更有力的微观数据支持。第二，本书从宏观货币政策的视角全面而系统地研究了企业债务融资行为，将企业的债务融资行为细化为企业债务规模调整、企业债务融资方式选择、企业债务期限确定。本书将企业的财务决策置于宏观经济的大环境中，拓展了已有债务融资影响因素的研究，克服了既往研究中宏观经济政策与微观主体行为割裂的形势。研究发现企业的债务融资规模调整、债务融资方式、债务融资期限选择都会受到宏观货币政策波动的影响。该研究有利于积累债务融资的相关经验证据，明晰企业债务融资的行为选择，拓宽企业融资决策的边界。第三，与既往研究相比，本书在检验货币政策对于债务融资行为影响中，突出考察了会计信息质量差异、企业的财务异质性和制度背景差异。本书通过构建一个包含琼斯模型、修正琼斯模型、业绩匹配琼斯模型、DD模型计算的盈余质量和信息披露质量在内的会计信息质量体系，实证检验会计信息质量在货币政策影响企业债务融资中的调节作用，与以往的文献不同，本书不仅检验会计信息质量的某一侧面，并且建立了一个多方位的会计信息质量体系，将企业的会计与财务行为放到大的宏观背景中给予检验，深化了会计信息质量的经济后果研究。每一个企业的规模、偿债能力、融资约束程度等具体财务特征的不同会使得货币政策在每一个企业中产生不同的效果。货币政策的传导效果在不同产权性质的企业中会有不同的反应。因此，从企业的异质性方面深入分析货币政策对于债务融资的影响可以为宏观货币政策的完善和企业财务融资决策的制定提供差异化数据支持。

作者

2018年10月

目　　录

货币政策、会计信息质量与债务融资
Chapter 1

第1章 绪 论

1.1 研究背景与研究意义

1.1.1 研究背景

全球经济持续波动，金融危机、债务危机此起彼伏，宏观经济的不确定性不断增大，宏观经济的波动加大了企业经营、投融资风险。货币政策作为宏观经济政策的重要调控手段之一，货币政策对于实体经济的影响备受人们关注。2008 年美国爆发的次贷危机，重创全球经济，中国政府为了缓解因为金融危机而带来的流动性危机及保持我国经济持续稳定发展，在 2008 年下半年中央银行连续五次下调存贷款基准利率，四次下调金融机构法定存款准备金率，采用宽松的货币政策为市场注入资金、制造需求、保证社会就业，在 2009 年一直采用宽松的货币政策，并且向社会投放 4 万亿元的资金进行基础建设，加大实体经济扶持力度。宽松的货币政策在帮助企业度过难关、促进企业投资发展、稳定就业等方面提供了良好的资金环境，但是同时也带来了通货膨胀和资产的泡沫，导致我国在 2010 年发生较严重的通货膨胀，2011 年我国居民消费价格指数持续走高，此时央行将稳定物价作为货币政策的首要任务，及时上调金融机构的存款准备金率，2010～2011 年，为了控制市场流动性，抵制通货膨胀，央行共进行了 12 次法定存款准备金率上调，从 2008 年宽松的货币政策转变为紧缩的货币政策。紧缩的货币政策使得金融机构资金紧张，实体经济出现“融资难、融资贵”的问题，为了应对我国经济下行压力，2011～2018 年，央行共执行 7 次金融机构法定存款准备金的下调。我国政府已经意识到金融发展与实体经济紧密联系的关系，在当前新常态的经济发展中，强调在经济结构对称态基础上的经济可持续发展，包括经济可持续增长。为了实现新常态的发展方式，供给侧改革成为重要措施，供给侧改革要求完善资源配置方式，因此如何有效地完成金融资源的有效配置，成为货币政策的重要任务。

货币政策的频繁调整对实体经济会产生怎样的影响？对资源的配置是否有效果？既往关于货币政策的理论研究主要集中在货币政策的目标确立、货币政策的工具设定、货币政策的传导机制上，而将货币政策对经济的影响研究又主要集中在货币政策对于宏观经济产出影响上，将微观企业个体视为一体，忽视个体的异质性，从总量上考察货币政策的实施效果。然而微观个体确是宏观经济政策实现的渠道和路径，微观企业个体之间存在显著的差异，微观个体对于宏观经济政策调整的反应不同，研究微观个体可以为宏观经济政策影响经济提供更加直接证据，为货币政策的资源配置效率提供微观企业数据。

我国当前经济增长速度较快，企业的投资与融资需求较大，资本市场难以满足不同层次的融资需求。相比西方国家的资本市场，我国上市公司的股权融资规模相对偏小，企业资本结构的突出特点是债务融资占绝对优势，企业外部的长、短期融资又主要依赖于银行贷款。银行贷款占企业总债务的比重最高，远高于发达国家金融市场债务融资比率。中国的银行业在经济中发挥着较大的作用，而银行作用的发挥在很大程度上受到国家货币政策的影响。货币政策会通过信贷传导渠道影响银行的货币供应量，货币政策通过利率渠道影响银行的贷款利息，当货币政策紧缩时，银行对外贷款的数量就会下降，贷款的利率上升，资金的供给方的供给数量和成本发生变动必然作用于资金的需求方，企业的债务融资的规模和成本也会发生变动。

以银行为代表的债权人，希望通过充分地了解企业信息降低对借款企业因信息不对称而带来的信贷错配风险，银行的主要目标是关注企业是否会及时偿还借款的本金和利息，银行的收益是否能够实现。然而作为资金需求方的企业其目标是能够获得充足的低成本的信贷资金。在信用资金不充分的市场环境中，由于资金供给方和使用方存在目标的差异性，必然会导致银行和企业之间存在博弈空间。相关监管部门为保证资本市场能够有效配置资源和促进国民经济稳定发展制定了一系列法规制度，要求信息提供者有义务提供真实、合法、相关的财务信息，保护不具有信息优势的外部信息使用者的合法权益。已有研究表明，信贷资源配置效率低下，发生信贷错配的一个主要因素是银企之间的信息不对称，提供高会计信息质量的企业能够缓解债务契约签订之前的逆向选择风险，降低契约执行过程中的道德风险，有利于债务契约的签订和执行，同时也会降低企业自身的融资约束。近年我国学者在企业微观层面从信息披露质量、内部控制信息质量、会计稳健性等角度验证了我国上市公司的会计信息质量与债务融资之间的关系，还有部分学者进行了地区之间或国家之间的比较研究，但对于宏观经济政策与微观企业债务融资及其会计信息质量之间的关系研究较少。

本书应用企业财务管理理论与宏观货币政策理论，分析货币政策影响债务融资的传导机制，检验微观个体债务融资在不同货币政策期间的差异，进而检验企业的会计信息质量能否对于宏观货币政策与债务融资行为关系起到一定的调节作用。把宏观货币政策传导机制理论贯穿于微观企业融资行为，积累货币政策传导机制的微观数据基础，将根据微观个体行为对宏观政策的反应提出政策上的建议，期望通过本书的研究有助于货币政策的制定和完善。

1.1.2 研究意义

(1) 理论意义：第一，通过微观企业债务融资行为的变化考察货币政策传导机制，有利于丰富货币政策的微观传导机制理论。货币政策传导机制一直被作为货币政策研究的核心内容，但原有研究主要集中在经济学领域，一方面学者们不断丰富货币政策传导机制相关理论；另一方面学者们应用货币政策传导的相关理论进行实证检验，应用各国的宏观经济数据验证货币政策是通过何种渠道影响投资，进而影响物价稳定、国际收支平衡、经济增长等的问题，研究的结论也都局限在经济学领域内。企业的融资行为作为企业一个重要的财务管理行为，其融资的规模、成本、结构、方式不仅仅受到企业自身特征的影响，而且还会受到宏观经济政策变动的影响，其中货币政策的波动会对资本市场、信贷市场产生影响进而影响到企业的债务融资行为。因此，本书从微观企业的视角研究宏观的货币政策具体通过什么传导渠道影响微观企业的债务融资行为，通过本书可以全面系统地理解货币政策对于经济影响的微观传导机制。第二，本书的研究弥补了以往宏观层面研究与微观层百研究相互割裂的现象。本书进一步综合运用经济学，信息经济学的经典理论分析了会计信息质量在货币政策对企业债务融资影响中的作用。本书将宏观经济政策与微观企业行为结合，一方面可以拓展会计与财务研究的新领域，丰富了企业融资的决定因素和会计信息质量的经济后果；另一方面，本书的研究将涉及经济学和财务学知识的交叉联合，丰富了相关学科的理论研究。

（2）现实意义：第一，从企业层面考察货币政策的实施效果便于得出更为真实可靠的证据。由于我国资本市场发展不够完善，企业所需的大部分资金不能从资本市场上获得，于是很多企业采用债务融资来满足企业的资金需求，那么债务规模、债务融资方式、债务期限结构的选择都受到哪些因素的影响？以往学者主要从公司治理、公司个体特征等方面进行检验，主要考虑的是企业微观层面的因素对债务融资的影响，对企业所处的宏观经济环境考虑得较少，忽略宏观因素对不同企业影响的差异性。既有个别文章探讨了货币政策对债务融资的影响，但也是仅从其中某一个方面论述，缺少将债务融资行为纳入一个框架下来考虑的研究。因此，研究企业在宏观货币政策变动下如何安排企业的债务融资具有一定的现实意义，同时使我们更清晰地理解宏观经济政策作用于企业债务融资的传导机制，清晰了货币政策影响实体经济的传导渠道，对未来货币政策的制定与完善提供更加坚实的微观数据基础。第二，本书考虑了市场上信息不对称和企业的主观会计行为，使得研究更加接近现实。既往关于货币政策对于具体企业财务行为的影响研究中，都是将企业作为宏观环境变化的被动接受者，企业的主观意识行为、采取的方式途径往往被忽略，本书将考察企业的会计信息质量在货币政策变动期间对于债务融资行为的调节作用，揭示了企业通过提高会计信息质量来应对货币政策变动的主观能动性，建立了宏观经济政策、会计信息质量和企业债务规模调整、债务方式和债务期限的分析框架。将企业的会计行为和财务行为置入大的宏观经济环境中，不仅有助于全面系统地理解企业的会计行为、投融资行为，帮助信息使用者更好地预测企业的价值，而且也为政策制定者和信息质量监管部门提供了更丰富的数据资料。第三，本书结合我国特殊制度背景，考察了企业所处的具体情境有利于深入理解货币政策的异质性效果的制度原因。由于债务契约内生于制度约束，在我国特殊的经济背景下，资本市场发展不够完善，地区经济发展不均衡，政府对社会资源配置起了很大的作用。因此，本书将货币政策变动对企业债务融资影响中的作用嵌入我国特有的产权制度环境，进一步考察产权性质对货币政策与债务融资的影响，为货币政策制定者提供产权差异的数据基础，具有重要的现实意义。

1.2 研究目标与研究内容

1.2.1 研究目标

当前关于货币政策对企业债务融资的研究还没有完整的理论分析框架，既有的研究主要是集中在货币政策对于宏观层面或者是产业层面上的研究，对于微观的研究多集中于货币政策对于债务融资成本和可获得性的检验上。但是债务融资的成本和可获得性不能全面反映债务融资的行为，债务融资方式和期限结构选择也都是企业债务融资行为的一部分，而且这种债务资源配置的效果也是检验货币政策实施效果的关键因素。既往关于货币政策对于债务融资微观个体影响研究没有区分货币政策的具体传导机制，无法考察具体是哪种机制对于微观企业的债务资源配置起作用。另外，每一个企业自身的财务特征存在较大的差异，每个企业的会计信息质量存在差异，每个企业面临的融资约束不同，企业具体的产权性质也有差异，企业的异质性对于企业债务融资的行为会产生直接的影响，同时这些差异也会影响到货币政策与债务融资之间的关系，但是关于信息不对称和制度背景等异质性对于货币政策与债务融资的影响研究尚不够全面，因此，本书将多学科知识进行融合，全面考察货币政策对于债务融资的作用机制，在控制影响企业债务融资规模调整、债务融资方式、债务融资期限结构其他因素基础上，分别检验会计信息质量和产权制度对货币政策与债务融资的作用差异，在微观层面上为债务融资行为研究提供新视角，在宏观层面，提升货币政策资源配置的有效性。本书具体的研究目标为：

目标一，本书将根据我国货币政策的实际情况，结合我国的制度环境，运用经济学、财务学理论，分析货币政策影响债务融资的传导机制，发现货币政策传导机制的微观证据。运用信贷配给理论和信息不对称理论剖析会计信息质量对货币政策与企业债务融资的调节机理，进而检验会计信息质量在货币政策影响债务融资中的调节作用。

目标二，本书将债务融资具体分为债务融资规模调整、债务融资方式和债务融资期限，将以上市公司为研究样本，在控制其他（公司财务特征、产权差异、融资约束等）因素影响企业债务融资的基础上，分别建立计量经济模型，具体检验货币政策对债务规模调整、债务融资方式和债务期限结构影响及会计信息质量在货币政策影响债务规模调整、债务融资方式和债务期限结构中的作用。

目标三，根据理论分析结果和实证检验数据，清晰货币政策、会计信息质量与债务融资之间的关系，为货币政策制定、规范会计信息质量、保护债权人利益措施等提出可行性建议。

1.2.2 研究内容

本书将依据货币政策传导机制理论、信贷配给理论、信息不对称理论、债务契约理论等相关知识展开研究，本书包括八部分内容：

第 1 章：绪论。本章主要介绍了本书的选题背景，明确了研究意义和目标，界定了研究内容，阐述了研究方法、技术路线和本书可能的几点创新，本章对全书的研究思路进行了设计，对研究内容作了总体规划。

第 2 章：研究综述。在研究综述中首先梳理了企业债务融资的相关理论及实证研究，本书主要梳理了企业债务融资的规模、债务融资方式和债务融资期限基本理论及其影响因素。其次，回顾了货币政策与企业债务融资行为之间的关系，梳理了国内外关于货币政策传导机制的研究，进而梳理了货币政策对于债务融资经济后果的研究，为研究货币政策对企业债务融资的理论分析和实证检验奠定文献基础。最后，较系统地回顾国内外有关会计信息质量的度量方法及会计信息经济后果方面的研究，为了更好地突出本书研究的主体，在会计信息经济后果的梳理中重点梳理了会计信息质量与债务融资之间的关系。通过系统而较全面的文献整理发现既往关于宏观经济政策对微观企业债务融资的影响研究比较少，有个别文章验证了货币政策的调整对企业信贷有一定的融资约束，但是在货币政策变动的背景下企业会计行为对债务融资影响研究比较少见。通过文献整理，一方面可以清楚地看出既有文献中存在的问题和不足，并确定本书的研究视角和研究方法；另一方面，文献回顾为后面的理论假设的提出奠定了研究基础。

第3章：理论基础。本章应用货币政策的传导机制理论分析了货币政策影响债务融资行为的机制。综合运用信贷配给理论和信息不对称理论，剖析会计信息质量在货币政策变动时对企业债务融资的调节机理，最后对债务契约理论进行阐述。本章的理论分析为后面的实证检验打下坚实的理论基础。

第4章：制度背景和债务市场分析。由于本书主要是检验宏观货币政策对于微观企业债务融资决策的影响，因此，首先对我国现行的货币政策工具、货币政策目标及货币政策传导机制的发展历程进行了阐述，对货币政策的现实背景有一个清晰的了解。其次，基于我国现实制度背景，本章将考察产权制度差异是否会对货币政策与债务融资之间的关系产生影响，因此，本章从我国的预算软约束入手分析了产权制度对于债务融资的影响现状。最后，对我国债务市场特征进行了描述分析，以便对债务融资规模、结构有更深入的理解。

第5章：货币政策、会计信息质量与债务规模调整。本章将从资金供给和资金需求两个视角来研究货币政策对于债务融资规模的影响。将检验货币政策发生变动时是否会影响到企业债务融资规模的调整。基于我国企业依赖银行借款的现实背景，当央行实行紧缩货币政策时，银行资金成本上升，银行可用于对外提供的贷款数量将下降，银行对客户放款金额也会随之下降，检验作为资金的需求方是否会及时调节企业的债务规模，调整企业的债务规模使得企业的债务规模达到最佳债务规模。其次，从资金需求的视角来考察企业的会计信息质量是否会影响到企业的债务规模调整，检验了会计信息质量是否能够缓解货币政策对于债务规模的冲击，考察了会计信息质量在资源配置过程中的重要作用。本章利用上市公司的财务数据，建立计量经济模型，具体检验货币政策对债务规模的调整及会计信息质量在货币政策影响债务规模中的调节作用。

第6章：货币政策、会计信息质量与债务融资方式。本章选择有外部融资需求的上市公司作为研究样本，基于理论分析构建计量经济模型，应用上海银行间同业拆借利率的一年期贷款利率的年度平均值作为货币政策的代理变量，应用盈余质量作为会计信息质量的衡量指标，建立计量经济模型，具体检验货币政策波动对债务融资方式的影响。检验在货币政策不同时期内，企业的债务融资方式是否会有变动？在紧缩的货币政策期间，企业私有债务融资的获取是否会受到影响？企业是否会应用公开债务融资来弥补私有债务融资的缺口？考察在不同会计信息质量的企业中，当货币政策发生变动时其债务融资方式是否会有差异？当企业面临不同的融资约束时，企业债务融资方式会有所不同，在货币政策变动时，融资约束程度不同的企业其债务融资方式是否具有显著的差异？另外，检验在不同产权性质的企业中，债务融资方式受到货币政策的影响是否存在差异？

第7章：货币政策、会计信息质量与债务期限结构，宏观货币政策的波动，势必会影响到商业银行的信贷规模和信贷期限，从外部资金供给发生变动的视角研究企业债务期限的选择，面对外部宏观环境的变动，作为微观个体如何应对？每个企业对于货币政策的反应是否会不同？货币政策的调整是否是企业债务期限变动的因素？企业是否可以通过提高自身会计信息质量来缓解宏观货币政策的冲击？会计信息质量能够降低信息不对称程度，降低银行等金融机构信贷风险，降低它们的代理成本，来缓解商业银行的信贷配给，在信息质量高的企业是否可以获得更多长期贷款？本章将依据货币政策的传导机制、信贷配给、债务期限结构等基本理论，建立计量经济模型具体检验货币政策对债务期限结构及信息不对称程度在货币政策影响债务融资期限中的调节作用。

第8章：结论、政策建议与未来展望。本章将归纳总结前面的理论分析和实证检验的结果。根据研究结果提出相关的政策建议。在最后指出研究不足，进而提出未来研究的方向。

1.3 研究思路与研究方法

1.3.1 研究思路

本书基于宏观货币政策的视角研究企业债务融资行为，货币政策是企业存在的宏观环境，当外部宏观环境变动时，企业主体的债务融资行为将发生怎样的变动？外部宏观环境通过什么机制影响到企业的债务融资？本书首先对国内外的研究现状进行梳理，找出研究的不足和存在的问题，发现本书研究的方向和视角。应用经济学、信息学、财务学相关理论分析货币政策对于债务融资的影响机理，分析会计信息质量的调节机制，同时结合我国特有的产权制度背景，分析制度特征对于企业债务融资及货币政策实施效果的影响。分析影响机理之后，实证检验货币政策的变动与企业债务规模调整、债务融资方式和期限结构的关系，在每一实证分析中又考虑了会计信息质量的调节作用。本书以“文献梳理——理论分析——制度剖析——实证检验”为总体研究思路，以“货币政策传导机制——债务融资行为——信息质量——制度差异”为具体研究思路，构建多维度的理论分析框架，实证检验货币政策对于债务融资的影响。本书的技术路线如图1-1所示。

1.3.2 研究方法

本书主要采用规范研究和实证研究相结合的方法，在文献综述

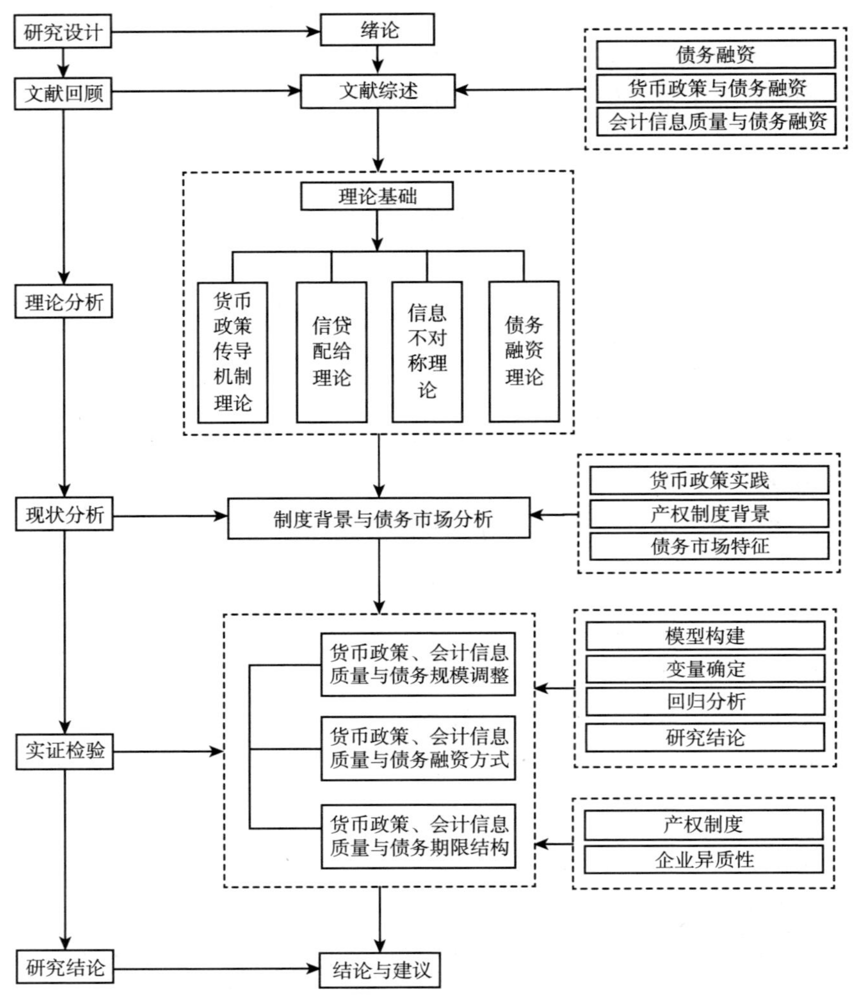

图 1－1　本书的技术路线

部分运用严谨的文献检索方法，对货币政策、会计信息质量和企业债务融资研究的文献按照相关主题进行梳理，并进行述评。在理论分析部分以经济学中货币政策的传导机制理论为基础，以规范分析的方法剖析货币政策调控对企业债务融资的作用机制，在信贷配给理论和信息不对称理论基础上采用逻辑分析方法剖析会计信息对企业债务融资的影响。在制度背景和债务市场分析部分采用资料收集的方法对我国货币政策的现实状况和制度的变迁予以呈现，对我国债务融资应用描述性统计方法列示了上市公司债务规模、债务融资方式、债务融资期限的具体特征。在实证检验部分，货币政策变动，会计信息质量的高低对企业的债务规模调整、债务融资方式、债务期限结构都将产生影响。因此，在实证部分中分别检验货币政策对债务融资的影响及会计信息质量在货币政策影响债务融资中的调节作用，根据理论分析，提出基本假设，构建计量经济模型，将上海银行间同业拆借利率的一年期贷款利率的年度平均值和银行信贷规模作为货币政策的代理变量，采用琼斯模型、修正琼斯模型、业绩匹配琼斯模型、DD模型计算的盈余质量和信息披露质量为会计信息质量的代理变量，应用描述性统计、分组描述统计、组间差异比较、相关分析、单变量分析、Bootstrap组间差异检验和多元回归分析等方法进行实证检验。

1.4 本书的创新点

通过梳理国内外研究现状，借鉴前人的研究成果，本书的创新有：

第一，本书选择从微观个体层面研究货币政策的传导效果，构建了货币政策影响企业债务融资的传导机制。本书采用银行间同业拆借利率和银行贷款规模的量化指标作为货币政策的代理变量，发现货币政策既可以通过利率渠道影响企业的债务融资行为，也可以通过信贷渠道影响企业的债务融资行为。本书从微观层面检验了货币政策的传导效果，明确了宏观政策对实体经济发展发挥作用的原理，从而为宏观政策的制定提供更有力的微观数据支持。

第二，本书从宏观货币政策的视角全面而系统地研究了企业债务融资行为，将企业的债务融资行为细化为企业债务规模调整、企业债务融资方式选择、企业债务期限确定。本书将企业的财务决策置于宏观经济的大环境中，拓展了已有债务融资影响因素的研究，克服了既往研究中宏观经济政策与微观主体行为割裂的形势。研究表明，在不同的货币政策时期，企业债务规模调整速度不一样、企业是更多采用私有债务融资还是采用公开债务融资也会有所不同、债务期限的选择也有差异。本书有利于积累债务融资的相关经验证据，明确企业债务融资的行为选择，拓宽企业融资决策的边界。

第三，与既往研究相比，本书在检验货币政策对于债务融资行为影响中，突出考察了会计信息质量差异、企业的财务异质性和制度背景差异。本书通过构建一个包含琼斯模型、修正琼斯模型、业绩匹配琼斯模型、DD 模型计算的盈余质量和信息披露质量在内的会计信息质量体系，实证检验会计信息质量在货币政策影响企业债务融资中的调节作用，与以往的文献不同，本书不仅检验会计信息质量的某一侧面，并且建立了一个多方位的会计信息质量体系，将企业的会计与财务行为放到大的宏观背景中给予检验，深化了会计信息质量的经济后果研究。既往关于货币政策的实施效果研究都将企业个体视为一个整体，不考虑企业之间的差异，但是宏观货币政策对于实体经济的影响是否能够达到预期目标，是否会产生具体效果，实际上主要依赖于每一个企业对于货币政策的反应，每一个企业的规模、偿债能力、融资约束程度等具体财务特征的不同会使得货币政策在每一个企业中产生不同的效果。由于我国特殊的制度背景，使得我国存在国有企业和非国有企业，企业的产权性质不同，货币政策变动时所受到的信贷配给的程度也会有不同，货币政策的传导效果在不同产权性质的企业中会有不同的反应。因此，从企业的异质性方面深入分析货币政策对于债务融资的影响可以为宏观货币政策的完善和企业财务融资决策的制定提供差异化数据支持。

1.5 相关概念界定

1.5.1 货币政策

货币政策是宏观经济调控手段之一，有广义的货币政策和狭义的货币政策。其中广义的货币政策包括中央银行、政府和其他有关部门制定关于货币方面的所有规定和能够影响金融变量的一切措施，具备包括影响金融体系发展和运行的具体规定，即能够直接或者间接影响货币供应量的政府税收和债务管理等措施。狭义的货币政策仅仅指央行通过公开业务操作、法定存款准备金率、基本存贷款利率等货币政策工具来调节和控制货币供应量或调控金融市场上的利率，达到稳定物价，拉动经济增长，促进就业等货币政策的最终目标的一系列规定和措施。广义与狭义的货币政策之间的差异是，广义货币政策不仅包括央行制定的相关规定和措施，还包括了政府和其他部门对金融市场秩序及金融体制改革等的一些规定。本书采用狭义的货币政策概念。

货币政策的实施效果取决于货币政策工具的设计和货币政策目标选择及货币传导机制的传导效率。我国货币政策的工具主要有存款准备金、公开市场业务、再贴现及基本存贷款利率等。我国货币政策的目标体系主要包括最终目标和中间目标，中间目标又分为操作目标和中介目标。我国货币政策的最终目标是稳定币值和促进经济增长，以法律的形式界定了我国货币政策首要任务是保证币值的稳定，在币值稳定的环境中取得经济的增长。货币政策的工具不能直接作用于最终目标，货币政策通过调节和控制货币供应量和利率等中间目标来实现最终目标。当经济低迷时，央行就会采用积极的宽松的货币政策，会通过降低金融市场中的利率，增加市场上的货币供应量来刺激投资和消费及净出口，当央行采用积极的货币政策时，微观企业就会以较低的成本获得更多的货币资金，企业的融资约束就会下降，投资会增加，进而带动整体经济的复苏。相反，当国内经济过热时，央行会采用紧缩的货币政策，通过提高金融市场利率，减少市场上货币量的流通，抑制市场上的总需求，微观个体将以更高的代价获得资金或者是即使企业想出更高的成本也很难获得资金，就会给企业的融资带来困难进而限制了企业的投资，整个市场上的生产能力将会被抑制，通货膨胀的风险就会降低。

1.5.2 会计信息质量

财务会计是一个经济信息系统，该信息系统可以确认企业的经济活动、计量经济业务和加工信息，主要向企业外部信息使用者传递企业的财务信息。企业的会计信息就是这个信息系统的最终产物。会计信息在当今社会上发挥了重要的作用，企业的信息使用者通过对会计信息可以对企业的过去有一个清晰的认识，也可以利用会计信息做出未来的预测，企业自身通过对会计信息的整理分析可以制定相关的生产经营决策、融资决策和投资决策。会计信息质量通常包括会计信息内容的质量和会计信息披露的质量。会计信息内容的质量主要是会计信息所具有的满足信息使用者要求的基本特征，通常是评价会计信息质量的基本依据，包括为了实现会计目标所应有的评价标准，一般来说，高质量的会计信息通常要具有相关性和可靠性等基本特征，会计信息使用者对会计信息的需求特征越多，会计信息质量就越高。会计信息披露的质量通常是指企业为信息使用者提供的信息是否是真实的、完整的，披露的程序是否合理，披露的时间是否及时，企业披露的信息能够满足利益相关者制订信贷或者投资等决策需要。关于会计信息质量的评价一般有定性和定量两种方法，定性的方法主要是从会计信息的质量特征进行描述分析，而定量的方法主要是采用一定的计量模型或者是测度办法来衡量会计信息质量的高低。通常会计信息质量的高低不仅影响了国家宏观调控的效率和资本市场上资源配置的效率，而且也会影响到企业的投融资的决策，关系到投资人个人的利益。本书将采用琼斯模型、修正琼斯模型、业绩匹配琼斯模型、DD模型计算的盈余质量和信息披露质量为会计信息质量的代理变量从内容和披露两个视角研究会计信息质量在货币政策与债务融资关系中的调节作用。

1.5.3 债务融资

债务融资是指企业向债权人筹集资金，包括企业与银行或金融机构签订的债务契约及企业向社会公众或机构投资者出售的债券或票据，是企业进行外部融资的主要方式之一。企业向银行或者金融机构借款是债务融资的主要方式，当企业与银行签订贷款协议时，银行等金融机构成为企业的债权人，企业有义务在约定的时间内偿还债权人的本金和利息。银行借贷主要是企业和某一特定的债权人之间进行融资，因此，存在融资速度快、借贷的手续简单、借贷协议灵活性较大、借贷的手续费较低、融资成本低廉等优点，但是银行借贷也存在一定的缺点，如银行为了控制代理成本通常会在债务契约的签订时提出一些限制股利发放、禁止举借新债等约束性条款。除了可以向金融机构进行举债之外，企业还通过发行债券进行债务筹资。债券通常规定了明确的到期日和利息率，企业有义务在债券到期时如数偿还债券的本金和利息，债券筹资通常可以给企业带来长期稳定的资金流。债券相对于银行借款来说债务融资成本较高。在现实中企业的债务融资按照合同类型不同可以有多种分类，如租赁、金融机构贷款、债券；按债权人的身份不同可以分为金融机构贷款、银行贷款、公司债券、商业信用；按债务的期限可以分为长期债务和短期债务；按是否有抵押分为抵押贷款和信用贷款；债务按照信息是否公开分为公开债务和私有债务。本书首先考察了债务融资的总体规模在宏观货币政策变动的情况下是否会及时调整，其次将考察债务的融资方式和债务期限结构。其中债务融资方式主要是指企业的公开债务融资方式与私有债务融资方式。学者们普遍认为企业公开发行的公司债券是典型的公开债，银行或者金融机构为企业提供的贷款是典型的私有债务，本书所研究的债务融资方式中所说的公开债即公司债券，私有债即银行贷款。债务的还款期限有长有短，本书所研究的债务期限结构是指期限长短不同债务的组合。当前主要有增量法和资产负债表法度量企业债务期限结构，由于增量法主要适用于新增债务的检验，而资产负债表法更适用于公司资产的混合特征与债务期限之间的关系，因此本书采用资产负债表进行度量债务期限。

货币政策、会计信息质量与债务融资
Chapter 2

第2章　研究综述

2.1 企业债务融资研究

企业融资包括内部融资和外部融资，其中内部融资主要是通过利润留存及固定资产折旧方式带来的，外部融资主要包括股权融资和向金融机构借入债务融资。其中债务融资是企业外部融资的重要融资方式之一，企业通过负债形式向债权人支付固定金额的契约性合约。在以往研究股权融资与债务融资之间的关系来确定企业债务规模时，对债务资本通常认为是一致的，事实上债务资本可以进一步划分为银行借款、商业信用、公司债券、辛迪加等多种方式，而每一种方式对企业债务的成本、融资的期限都将产生不同。基于本书的研究主体拟从债务规模、债务融资方式、债务期限结构三个方面梳理以往研究成果。

2.1.1 债务融资规模

我国当前资本市场还不够发达，企业的融资环境与西方国家有很大的不同，很多企业的融资渠道还比较单一，企业外部融资中主要依靠银行借款。既有研究表明，在我国企业的资本结构中，银行借贷占比很大（陆正飞和杨德明，2011；王国静和田国强，2014）。陈彦斌等（2014）通过调查我国前500强企业的资本结构，发现资产负债率达到了80%以上。龚强等（2014）调查发现实体经济从银行获得贷款的金额高达8.2万亿元，已经达到社会融资规模的50%以上。企业资产负债率是企业融资行为的结果，多大规模的债务是合理的，多少的资产负债率是最佳负债率，如何确定最优债务规模，是企业融资决策的核心策略，这些一直备受企业与实务界的关注。早期关于资本结构探讨主要基于资金需求方视角，Modigliani 和 Miller（1958）

在假设无破产成本、无信息不对称、无税收成本和无代理成本的基础上提出了 MM 理论。MM 理论的核心观点认为企业的价值与债务规模无关，但是现实世界中上述假设不能成立，随后学者们逐渐放松其假设条件，形成了融资优序理论（Myers and Majluf，1984）、权衡理论（Fisher et al.，1989；Flannery and Rangan，2006）和市场择时理论（Baker and Wurgler，2002；Huang and Ritter，2009）。融资优序理论的核心思想是企业外部资金的提供者相对于企业管理者来说处于信息劣势，进而会进行逆向选择，因此外部资金的成本会高于内部资金成本，企业为了降低成本会按照一定的先后顺序选择融资方式进行融资，企业会优先采用成本最低的内部融资，其次选择成本较低的债务融资，最后采用权益融资。市场择时理论认为企业的管理者掌握着大量私有信息，当企业股票价值高估时，采用发行股票进行融资，而当股票价值低估时会选择回购股票，因此企业的资本结构是根据市场各因素的变化时机选择成本最低的资本结构。权衡理论认为企业存在最优资本结构（Kraus and Litzenberger，1973；Scott，1976），企业可以通过调节自身的负债程度而来达到最优债务规模。Graham 和 Harvey（2001）实证研究证明企业存在最优债务规模。然而现实中由于影响企业经营发展的因素很多，企业的债务规模偏离最优债务规模时有发生，Kayhan 和 Titman（2007）研究发现企业会不断自我调整向最优债务规模靠近。具体哪一种理论能够解释债务规模的变化，通过上述分析可以看出融资优序理论和择时理论认为企业不存在最佳资本结构，而权衡理论将大量影响资本调整和收益的因素考虑其中，较好地解释了债务规模优化和调整的问题。权衡理论认为企业存在目标债务规模，而且目标债务规模会受到企业规模、获利能力等自身财务特征的影响。但是由于存在交易成本使得企业将债务规模向目标债务规模调整过程中要付出一定的代价（Myers and Majluf，1984），企业在进行债务规模调整之前必须要衡量调整收益和调整成本的关系，当收益大于成本时，企业才会有动机去调整（Fische et al.，1989）。因此企业是否会调整债务规模取决于调整债务规模的成本。

关于企业债务规模的影响因素已经取得较丰富的研究成果。在1958年提出的MM定理对资本结构进行了论述，该理论认为企业的资本供给是充分的，只要企业需要资金，就可以从外部获得，然而现实情况并非如此。在研究债务规模的各种理论中都会强调企业的资产规模、获利能力、有形资产占比等指标对于企业债务规模的影响，但是有学者发现企业自身的财务特征并不能完美地解释债务规模的特征。Faulkender 和 Petersen（2006）、Judge 和 Korzhenitskaya（2012）研究发现企业的具体债务融资的方式也会对企业的债务规模产生影响，能够公开发行债券的公司通常会面临较低的财务融资约束，企业可以筹集到较低成本的债务资金，而且企业的整体债务规模通常会高于那些不能通过公开债务融资的公司。Titman 等（2012）研究发现企业特征和国家特征会影响企业的资产负债率，而且国家特征对于资产负债率的影响会很大。

2.1.2 债务融资方式

现实企业可以通过发行公开债券进行融资，也可以通过向银行等金融机构进行借款，企业具体选择哪一种方式进行融资，不仅受到企业自身财务特征、公司治理、信息披露等的影响而且也会受到企业外部的融资环境影响。既往理论研究表明私有债务在监督效率上比公开债务更加具有优势，因为私有债权人可以获得企业更加私有的信息，可以对企业流动性和偿债能力进行监督和沟通，能够获得企业项目投资的回报信息，而公开债券的持有人由于人数众多，经常会产生“搭便车”的行为，公开债务的债权人很难获得企业的完整信息（Diamond，1984；Fama，1985）。由于资本市场的不完美，信息生成者和使用者之间存在信息掌握的非对称性，外部信息使用者很难对企业的资产质量、运营情况、项目投资的进展状况作出准确的评价，致使企业通常很难获得充足的资金进行项目投资（Stiglitz and Weiss，1981），也正是由于市场摩擦的存在促使了金融中介的诞生，金融中介收集相关信息来制定信贷决策，通过债务契约干预企业的经营管理活动和投资活动来降低企业与金融机构的信息不对称，缓解企业的融资约束。金融机构作为私有资金的提供者，通常会与企业签订债务合同来约束企业资金的使用方式或者监督资金使用效率，银行的监督也可以监督道德风险。公开债券持有者即使有动机去监督借款企业经营资金的利用效果，但是由于监督成本的高昂和监督效率的低下也会使很多债券持有人放弃监督的权力（Houston and James，1996）。私有债权人具有债权相对集中，信息获取便捷和有效监督的优势，因此企业的所有者和管理层想从私有债权人身上窃取利益就要比从公众债权人身上获得利益要困难得多。

Johnson（1997）研究发现企业规模、资产负债率、年限与公司债融资的数量呈显著的正相关关系。银行借款、非银行借款和公开债券是企业进行外部融资的主要方式，而决定企业具体融资方式的主要因素是信贷质量。Denis（2003）认为具有高信贷质量的企业可以通过发行公开债务方式融资，信贷质量中等程度的公司可以通过银行进行融资，然而信贷质量较差的企业只能向非银行的私有债权人进行融资，该研究为信贷质量决定融资方式提供了直接的证据。同时也发现了企业管理层的决策也会影响到债务的融资结构。Bougheas 等（2006）研究了企业的财务特征是否会影响银行借款和公司债券的选择，但是这篇文章中没有区分短期银行借款和长期银行借款，而是将企业的短期借款界定为银行借款，企业的长期借款界定为外部借款或者是公司债券借款。该种分类忽略了长期银行借款融资方式。Colla 等（2011）利用美国上市公司的样本数据检验了影响债务融资方式选择的因素，研究结果表明企业的财务特征如企业的获利能力、有形资产占总资产的比例、市账比、企业的信用等级等指标是企业债务融资方式选择的主要影响因素，上述指标也会决定具体采用哪些债务融资方式组合的决策，同时他们也研究了国家特征对于债务融资方式的影响。那些风险较高或者规模较小的企业通常采用向金融机构借款，而那些规模较大或者知名度较高的企业会选择向公开市场发行债券的方式融资（Faulkender，2003；Petersen and Rajan，1994）。Faulkender 和 Petersen（2006）检验了 1986～2000 年美国非财务公司，他们将企业是否能够获得公司债券作为信贷等级的代理变量，研究发现能够获得公司债券融资的公司相对于不能获得债券融资的公司具有不同的债务供给方案。Sufi（2007）在企业进行债务融资方式选择时，指出企业的信用等级越高企业可以获得越多的借款，企业信用等级可以降低企业与外部信息使用者之间的信息不对称，减少市场的摩擦。具有很高信用等级的企业说明企业的信用质量会比较高，企业能够以较低成本获得公开债务，而信用质量差的企业，债务融资的成本也会上升，公开债务获得也比较少。企业的股权结构也会对债务的融资方式产生影响。Lin 等（2013）运用了 20 个国家 10 年的上市公司的数据检验了企业的所有权结构对企业债务方式的影响，研究结果表明，企业的所有权与现金流的控制权分离程度越大，企业的公开债务融资比例越大，相应的企业的私有债务融资比例较小，所有权与现金流控制权分离程度上升一个标准差，企业的银行债务占总债务的比例将下降 16%，该研究结论证明，当企业有某一个大股东或某一小部分大股东控制时，企业为了避免被私有债权的监督，而主要选择公开债务融资。刘星等（2015）应用我国上市公司的数据研究银行竞争和终极控制对于企业债务融资方式的影响发现，终极控制权越集中企业的私有债务比例越低，公开债务比例较高，但是银行竞争程度的加剧会弱化终极控股股东规避监督的动机，导致私有债务比例上升。私有债权人可以克服“搭便车”的问题，私有债权人具有信息收集和监督的优势，Bharath 等（2008）研究指出，当企业的信息环境较差、会计信息质量较低时，企业会向私有债权人进行融资，来降低企业的逆向选择成本。Dhaliwal 等（2011）研究了企业会计信息披露质量与债务融资方式之间的关系后指出，在企业信息披露政策发生变动时也会影响企业债务方式的选择。Leary（2009）应用美国上市公司数据研究了资本市场摩擦对于债务融资方式的影响发现，相对于不能获得公司债券融资的公司，能够发行公司债券融资的公司，在进行银行借款时通常面临较低的逆向选择问题。Kisgen（2006）研究发现，即使在经济衰退时期，具有多种债务融资方式进行选择的公司通常可以获得所需的资金。

2.1.3　债务融资期限

国内外学者主要从企业内部因素和外部制度环境两方面考察债务期限的影响因素。其中内部因素主要关注企业盈利能力、资产期限、投资效率、经营现金流、公司治理机制等对企业债务期限的影响（Sarkar，1999；Berger et al.，2005；杨兴全和郑军，2004；肖作平，2005）。肖作平（2011）研究了终极股东的控制权对于债务期限的影响，研究发现了企业的终极控制股东控制权越大，终极控制股东与外部投资人之间的代理成本就越高，以银行为代表的债权人越不愿意向该类企业发放长期借款，相应的短期借款能够缓解控股股东与债权人之间的代理问题，短期借款在公司治理上比长期借款具有优势，较短的债务期限可以抑制控股股东对债权人的掠夺行为。因此，终极控制股东控制权越大的企业债务期限会越短，两者呈显著负相关关系。近年来有许多学者开始关注外部宏观经济因素、制度环境等对债务期限的影响。利率作为宏观货币政策的主要代理变量逐渐成为热点视角，既有研究发现随着短期国债利率的提高，企业长期债务占比就升高。Brick 和 Ravid（1985）研究指出，在利率确定的情况下，当企业的收益向上倾斜时，企业借入长期债务会发生较多的利息费用，进而产生较大的税盾效应，企业发行长期债务导致企业价值最大；Brick 和 Ravid（1991）利用数学建模的方法检验发行债务持有期间如果利率是非固定的，企业就会通过债务期限选择来调节违约概率，因此，无论利率如何变化，企业借入长期债务一直是最优的决策。王克岭等（2015）检验了利率与企业债务期限之间的关系，结果表明名义利率越高，债务期限越短；通货膨胀率越高，上市公司获得长期债务的难度越大，因此债务期限越短，而实际利率对债务期限的影响与名义利率正好相反。由于大多数国家的税法都规定了企业发生的债务利息可以抵扣应纳税收入，债务融资能给企业带来税盾的效果，但是不同期限的债务融资其税盾的效果也不一致，因此，有学者从税收的角度研究了企业的债务期限决策。DeAngelo 和 Masulis（1980）发现企业所得税税率高的企业比税率低的企业将更倾向于采用较多的长期负债，以此来获得税盾效应。Kane 等（1985）构建连续时间模型考察企业债务期限的结构，当企业利用债务带来税盾效果的同时，企业发行债务的成本和破产风险都显著增加，企业债务期限的最优是税盾效应和破产成本之间达到均衡。当企业的发行成本增大时，应适当延长债务的期限以此来摊薄每个期间的债务成本，当企业的债务税盾效应减少时，适当延长债务期限，但是在延长债务期限时要保证税盾效应大于破产成本，企业的整体价值波动较小时，企业会选择应用长期债务，因为债务波动小意味着企业的破产风险较小。Scholes 和 Wolfson（1992）研究结果表明，边际税率高的企业可以从长期债务上获得更大的税盾收益，因此，通常是边际税率高的企业会选择长期债务融资，而边际税率低的企业更倾向于短期债务融资。Ozkan（2000）通过实证检验税率对于债务期限结构的影响，研究结果表明有效税率与债务期限之间的系数统计上不够显著。薛伟（2014）以我国 2008 年新企业所得税法的实施为制度研究背景，研究发现名义税率与企业的债务期限显著正相关，并且在非国有企业中，名义税率提高将使企业的债务期限显著提高。高管薪酬制度的合理与否与高管是否努力工作之间存在紧密联系，如果高管能够和股东一样将股东利益最大化作为其工作的目标，股东与管理者之间的代理冲突就会显著下降。Brockman等（2010）研究发现，当股东为了监督管理者通常会选择短期债务，而且短期债务能够减少因高管薪酬风险所带来的代理成本，但是谢军（2008）却得出了相反的结论，企业的长期债务规模与管理者的薪酬水平呈显著的正相关关系。产权经济学认为制度对于企业的债务契约产生影响，孙铮等（2005）从市场化进程及政府干预的视角研究企业债务期限发现，企业的长期债务比重与企业所在地的市场化程度呈负向关系。企业家政治关联作为正式制度的补充，对企业的价值及相关的债务契约会产生相应的影响，李健和陈传明（2013）发现，企业家政治关联对债务期限具有显著正向影响，而且这种正向影响在民营企业中更显著。

2.2 货币政策对债务融资的影响

2.2.1 货币政策的传导渠道

货币政策是否能够起到调节和控制实体经济的作用，重点要考察货币政策的传导渠道是否畅通，因此货币政策的传导是学者的主要研究内容之一。国内外学者从多角度证明了信贷渠道和利率渠道的存在性和有效性。Kashyap等（1993）应用公开债务与私有债务之间的关系，验证了银行信贷渠道的存在，当央行采用紧缩的货币政策时，企业外部债务融资将采用更多的公开债务。Choi和Kim（2003）利用美国上市公司数据实证检验货币政策信贷传导机制的有效性，研究结果表明，银行信贷传导机制对于微观企业银行信贷会产生较大的影响，在货币政策紧缩期间，无论是规模大的公司还是规模较小的公司从银行获得贷款的数量都会下降，转而采用商业信用作为替代性融资。Atanasova和Wilson（2004）应用英国上市公司的数据研究其货币政策传导机制的有效性后表明，央行在执行紧缩货币政策期间，银行对外贷款的数量减少，公司从银行获得的贷款数量下降，很多规模较小的公司开始使用商业信用作为银行贷款的替代性融资。Kashyap和Stein（1995）应用金融体系的流动性和银行信贷之间的关系后发现，当金融机构之间的流动性减弱时，银行信贷数量将下降，银行对外放贷数量也会减少，对银行借款有依赖的企业也随之降低投资支出，最后影响到实体经济。Kakes和Sturm（2002）应用德国银行数据及Haan（2003）应用荷兰银行业的相关数据，最终他们得到银行信贷渠道存在并能够发挥货币政策传导效果的一致结论。在国内，学者们纷纷对信贷渠道进行研究。王振山和王志强（2000）应用1981～1998年的数据，采用格兰杰因果检验方法，证明了我国货币政策中银行信贷渠道是主要的传导渠道。周英章和蒋振声（2002）应用1993～2001年的数据，采用格兰杰因果检验及方差分解的方法，检验了我国货币政策传导机制中既有货币渠道也存在信贷渠道，但是信贷渠道是我国的主要传导渠道。蒋瑛琨等（2005）应用1992～2004年的数据检验货币政策的传导渠道后发现，在此期间紧缩货币政策主要是通过信贷传导渠道影响到实体经济。盛松成和吴培新（2008）应用1998～2006年的月度数据，采用了VAR模型检验我国信贷传导渠道，研究发现这一阶段我国的货币传导渠道基本不存在，主要依赖于信贷渠道传导货币政策。张奎（2015）运用2000～2013年的季度数据，采用协整和格兰杰因果方法检验了货币供应量和信贷总额之间的关系，研究发现货币供应量能够影响商业银行的信贷总额，货币政策会冲击到信贷规模，证明了我国信贷传导机制的有效性。

Almeida和Campello（2007）研究了企业有形资产作为抵押品的数量与企业外部融资的能力后表明，当企业有形资产的金额比较大、可抵押的价值比较高时，企业外部融资能力强，抵抗货币政策冲击的能力也很强。Jie Gan（2007）采用日本上市公司的数据研究日本企业的资产负债表情况及企业债务融资的能力后发现，企业资产规模越大，抵押价值越高企业越容易从银行获得贷款，从而投资的效率也会上升，相反那些资产规模较小的企业从银行获得贷款的能力较弱。Bougheas 等（2006）应用英国企业的财务数据，分析企业的资产规模、债务规模及财务风险等要素如何影响银行信贷资源的获取，研究发现，规模小、资产抵押能力弱的企业会显著地受到货币政策的影响，外部融资约束较强。

Bernanke 和 Blinder（1992）应用美国 1959～1989 年的数据，考察了联邦基金利率、货币供应量与货币政策最终目标经济总产出、就业率等之间的关系，研究表明联邦基金利率能够很好地解释货币政策最终目标的变化率，证明了货币政策的利率渠道的有效性。Stelios Karagiannis（2010）认为有效的货币政策是可以将中央银行的利率变动传导到企业和消费者的贷款利率。我国学者应用不同的利率变量来检验我国货币政策的利率渠道，研究结论也不统一。盛松成和吴培新（2008）认为我国货币政策的主要渠道是信贷渠道，不存在利率渠道。雷雨苗（2012）研究发现调节我国货币政策工具可以使得基准利率发生变动，但是基准利率的变动对于实体经济的影响却不够显著。张卫杰（2014）实证研究也指出我国的利率变动于实体经济的影响效果不明显，我国的利率传导渠道不够通畅。郭豫媚和陈彦斌（2015）研究了我国利率市场化改革过程中货币政策中介目标选择问题，我国货币政策目标将大幅度提升价格型指标，而逐渐缩减数量型指标。方先明（2015）研究发现，随着我国利率市场化改革进程的深化，金融创新的增加，数量型货币政策的有效性逐渐衰弱，货币政策的操作体系将以构建利率为主的价格型调控框架。李若愚（2015）研究发现，随着我国金融体系改革的不断深化，金融创新产品的推出，我国货币政策通过利率渠道发挥作用的效果越来越明显，数量型的调控手段逐渐被弱化。孙欣华（2013）研究指出了我国信贷传导渠道的作用在不断减弱，而利率传导渠道的效果不断增强。李斌（2014）实证研究了我国市场利率对于物价变动和出口数量的影响，发现不同利率间相关性不断加大，存在一定的利率传导链条，我国利率传导机制已经初步形成。江春和陈永（2014）研究发现，随着我国利率市场化改革的不断深入，利率传导渠道的传导效率不断提升。

2.2.2 货币政策对企业资源配置的经济后果

关于货币政策对于资源配置的研究经历了货币政策对于宏观经济资源配置的影响，再到货币政策影响产业层面，再到货币政策对微观个体企业资源配置的研究，基于本书的研究主体仅回顾货币政策对于微观企业资源配置经济后果研究。Kashyap（1993）应用美国20世纪60年代到80年代的企业数据，检验了货币政策对于全部企业融资方式选择的影响，当美国中央银行实行紧缩的货币政策时，企业的融资方式会发生改变，企业的银行借款比例下降，公开债务融资比例上升。该研究没有考虑个体差异对于货币政策反应，仅是检验了货币政策对于社会融资的总量资源配置的影响。Gertler 和 Gilchrist（1994）应用企业层面的数据检验了企业的异质性对于货币政策的不同反应，研究发现，相对于规模较大的制造型企业来说，规模小的制造型企业受到货币政策变动的影响更大。Oliner 和 Rudebusch（1996）同样从企业规模这个特征出发发现，当中央银行实行紧缩的货币政策时，规模较小企业的商业银行贷款比例下降比较明显，说明了货币政策对于小企业的冲击要大于大规模的企业。Huang（2003）应用英国上市公司的数据，将企业分成银行依赖型和非银行依赖型，研究结果表明，在货币政策紧缩时期，银行依赖型企业的融资约束程度更大。Haan 和 Sterken（2000）将短期贷款利率作为货币政策的代理变量，考察欧洲企业的外部融资是否会受到货币政策波动的影响，研究结果表明，货币政策的波动对于那些没有上市而且依赖于银行借款的企业影响很大，而对于上市公司，货币政策波动对其冲击相对不大。Bougheas 等（2006）应用英国上市公司的数据检验货币政策对于外部融资的影响，企业的资产规模、盈利情况、资产的价值、企业的年限等特征变量都会对企业外部融资规模和结构产生影响，当实行紧缩的货币政策时那些规模较小，成立年限短、获利能力较差的企业受到的冲击要更大。Hu（1999）以美国上市公司为样本研究了货币政策、融资及其投资行为的关系后发现，在央行提高贷款利率实行紧缩的货币政策期间，企业债务规模能够起到债务治理的效果，可以抑制企业投资过度。Prasad 和 Ghosh（2005）以 1992～2003 年印度上市公司为样本研究表明，当央行执行紧缩的货币政策时，企业的总债务金额会显著下降，企业的长期债务也会下降。Leary（2009）在控制企业基本财务特征变量后，研究货币政策对于债务规模的影响，将研究样本分成大公司和小公司，通过实证检验发现，当外部资金供给发生变动时，小公司对于贷款供给变动的敏感性高于大公司，主要原因是小公司主要依赖于银行借款，而大公司除了可以向银行借款外，还可以应用非银行的公开债务作为替代。Kaya 和 Banerjee（2014）应用美国上市公司的数据研究了货币政策与企业债务结构之间的关系，结果表明，在货币政策紧缩时期，长期负债增加，短期债务没有大的变动。

国内以往关于货币政策对于企业资源配置的研究主要从融资约束、债务融资规模、商业信用的替代效应、债务融资成本几个方面展开。黄志忠和谢军（2013）应用我国 2002～2010 年上市公司季度数据研究了货币政策与企业融资约束之间的关系，结果表明，宽松的货币政策能够促进企业对外投资的支出，企业的融资约束程度下降，货币政策能够起到调节企业融资约束的作用。綦好东等（2015）以我国 2005～2009 年上市公司为样本研究了货币政策对企业融资约束的影响，同时考察了地方政府质量的调节作用，结果表明，相对于低质量的地方政府，在高质量的地方政府环境中货币政策对于企业融资约束程度要小，而且这种缓解效应在高融资约束的企业中更加明显。李连军和戴经纬（2016）认为，货币政策的紧缩会加剧企业的融资约束，但是提供稳健会计信息质量的企业受到的融资约束会下降。货币政策对于企业债务融资最直接的影响就是会减少企业银行借款的数量影响银行借款的可获得性。叶康涛和祝继高（2009）利用了我国上市公司的季度数据，研究结果表明，在宽松的货币政策时期，那些成长性比较高的行业更容易获得银行的信贷资源，然而在央行执行紧缩的货币政策时，高成长性行业受到的冲击也最大，获得的信贷资源大幅度下降。通过进一步分析发现，对于高成长性行业信贷规模的下降并不是因为企业外部融资需求减少，而是因为在货币政策紧缩时期，银行的信贷资源更多地配置到了国有劳动密集型企业中，而国有企业中高成长性的企业占比很少，所以会出现银根紧缩，高成长性行业信贷资源大幅度下降，该研究也从一定层面上指出了我国特有的产权制度对于货币政策执行效果的影响，货币政策对于微观企业资源配置的效率下降。陆正飞等（2009）从银行的“信贷歧视”视角研究了货币政策对于微观企业财务行为的影响，我国银行对国有企业和非国有企业发放贷款时存在着差别，通常国有企业比非国有企业更容易从银行获得贷款，而且这种信贷歧视在银根紧缩的时期更为显著，银根紧缩时期，私有企业的外部债务融资能力显著下降，其中长期借款的增长率也下降，因为银行的信贷歧视导致了民营上市公司的股票回报率显著下降。饶品贵和姜国华（2013）研究了货币政策与债务融资方式的关系，以我国 1998 ~ 2008 年上市公司为样本，检验结果显示，在紧缩的货币政策期间，非国有企业从银行获得贷款的数量与企业未来的业绩呈显著的正相关关系，但是在国有企业中，企业从银行获得贷款的数量与未来业绩之间的关系并不够显著，该研究也证明了我国银行存在信贷歧视，而且这种信贷歧视在货币政策的紧缩时期表现得更加明显，我国货币政策对于信用资源配置及其经济后果的影响会受到企业所有权性质的影响。李志军和王善平（2011）检验了货币政策对于债务融资规模和成本的影响后发现，在货币政策紧缩时期，企业债务融资规模将显著下降，债务融资成本显著上升，该研究考察了企业的会计信息披露质量的调节作用，在信息披露质量高的企业中，可以缓解货币政策对于债务融资规模和成本的冲击。郑军等（2013）检验了货币政策对于债务融资成本的影响，债务融资的成本在银根紧缩时会显著上升，并且这种现象在非国有企业中更加显著。朱焱和孙淑伟（2016）研究货币政策对于公开债成本的影响后发现，宽松的货币政策能够降低公司债券的使用成本。陆正飞和杨德明（2011）研究了商业信用的存在原因，认为货币政策的紧缩是企业大量使用商业信用的一个主要外因，当银行借款下降时，商业信用成为银行贷款的替代性融资方式。饶品贵和姜国华（2013）以 1998 ~2011 年上市公司为样本，检验货币政策对于银行信用与商业信用之间的替代关系，在货币政策紧缩时期，企业获得的银行贷款数量下降，相应的商业信用增加，这种现象在非国有企业中表现得更为明显。郑军等（2013）从货币政策的视角研究了内部控制是否能够影响到企业商业信用融资，商业信用在货币政策紧缩期间会显著降低，但是高质量的内部控制会减少货币政策对商业信用的冲击。袁卫秋和汪立静（2016）研究了货币政策对于商业信用的影响，并且考察会计信息披露质量的调节作用，研究发现，在紧缩的货币政策期间商业信用额度会显著下降，但是信息披露质量高的企业可以缓解商业信用下降的程度。胡国晖和袁静茹（2016）从外部宏观经济环境变动的视角研究我国中小企业的融资方式，当宏观经济萎缩时，商业银行对外贷款数量的下滑会促使中小企业转向商业信用和民间借贷，企业间的商业信用可以抵消宏观经济环境对中小企业商业贷款下降的冲击，但是民间借贷对于银行贷款的替代效果并不明显。

2.3 会计信息质量对债务融资的影响

国内外关于会计信息的研究主要集中在会计信息质量的特征分析、会计信息质量的度量、会计信息质量的影响因素、会计信息质量的经济后果等领域。鉴于本书的研究主体，主要梳理了会计信息质量的度量及会计信息质量对债务融资经济后果的文献。

2.3.1 会计信息质量的度量

会计信息是企业利益相关者制定决策的主要依据变量，其质量的高低不仅影响到资本市场上资源配置的效率而且还会影响到利益相关者的切身利益。然而会计信息质量的评价确是一个难题，纵观国内外关于会计信息质量的度量还没有统一的评价标准，不同的学者有不同的评价方法，将各种方法予以归纳主要有三种：第一种，采用权威机构相关指数或披露指标作为会计信息质量水平的替代变量；第二种，通过计算盈余质量、盈余平滑度、会计稳健性等变量来反映公司会计信息质量，作为会计信息质量的替代指标；第三种，学者自己构建会计信息质量评价指标。

（1）权威机构的信息披露。

有关监管机构对于上市公司对外报出的财务报告会给出一定的评价，作为信息披露质量的考核指标，国内外很多学者将监管机构的评价标准作为会计信息质量高低的替代变量。美国投资与管理委员会通过对 27 个行业 460 家企业的年度报告、季度报告和其他对外披露的报告进行打分，构建了 AIMR 指数，该指数充分考虑了企业的信息披露数量和质量，该指数分值越高，会计信息披露质量就越高。Wright（1996）利用了 AIMR 指数作为会计信息质量的代理变量检验了公司治理与会计信息质量之间的关系。Felo 等（2003）利用 AIMR 指数检验了会计信息质量和审计委员会特征之间的关系。国际财务分析和研究中心通过对 34 个国家 856 家公司披露的资产负债表、利润表、现金流动表、股东情况表、会计政策使用表、公司基本信息和附注信息进行具体量化评分，公司披露的信息数量越多，得分就越高，通常超过 90 分的企业被认为是信息披露质量较高的企业。我国深圳证券交易所于2001年开始对深交所上市的公司进行信息披露评级。该评级从信息披露的真实性、合法性、及时性和完整性四个方面的特征进行评价，评价的范围既包括法律法规强制要求披露的内容也包括企业自愿披露的内容，深交所每年都根据企业具体披露情况对每个企业的信息披露做出优秀、良好、及格和不及格的评价。曾颖和陆正飞（2006）利用深交所信息披露质量研究了信息披露质量与股权融资成本之间的关系，通过检验发现信息披露质量低的公司其股权融资的成本较高，而信息披露质量高的企业股权融资成本较低。李志军和王善平（2011）应用深圳证券交易所的信息披露指标研究了信息披露质量在货币政策与债务融资中的调节作用，信息披露质量能够降低货币政策对于企业债务融资成本和融资规模的冲击。袁卫秋和汪立静（2016）应用深交所披露的信息质量作为会计信息质量，研究了企业信息披露与货币政策、商业信用三者之间的关系，相对于高披露质量的企业，低披露质量的企业商业信用融资较难获得。

（2）定量指标。

公司的盈利能力是会计信息使用者关注的核心，由于企业的经营权与所有权分离导致了管理者与资本投入人之间目标利益的不一致，管理人员可能会利用企业的盈余信息为自己谋求私利，导致企业的其他相关利益主体利益受损，因此各方利益主体对企业的盈余信息越来越看重，有很多学者开始用盈余质量代替企业会计信息质量进行一系列的研究。在应计制会计中，总应计利润可以进一步分为操控性应计利润和非操控性应计利润。最初操控性应计利润主要采用琼斯模型中的残差来度量。随着学者们的不断研究与拓展，琼斯模型已经被发展成多种计量模型，有修正琼斯模型、业绩匹配琼斯模型等方式来度量操控性应计利润，该方法认为操控性应计越大，盈余质量越低。

第一，Jones模型，对公司i第t年度的总应计利润进行以下回归分析：

$$TA_{it}/A_{it-1} = \beta_0/A_{it-1} + \beta_1\Delta REV_{it}/A_{it-1} + \beta_2 PPE_{it}/A_{it-1} + \varepsilon_{it} \tag{2-1}$$

其中，TA_{it}表示为总应计利润，总应计利润用净利润减去经营活动的现金流净额得到。ΔREV_{it}表示营业收入的变动额，PPE_{it}为固定资产价值，A_{it-1}为上期期末总资产，ε_{it}作为操纵性应计利润的代理变量。

第二，Dechow 和 Sloan（1995）提出的修正 Jones 模型，对 i 公司第 t 年度的总应计利润进行了以下回归分析：

$$TA_{it}/A_{it-1} = \beta_0/A_{it-1} + \beta_1(\Delta REV_{it} - \Delta REC_{it})/A_{it-1} + \beta_2 PPE_{it}/A_{it-1} + \varepsilon_{it} \tag{2-2}$$

其中，ΔREC_{it}为应收账款的变动额。

第三，Kothari 等（2005）在 Jones 模型基础上加上企业的盈利信息，考虑了会计盈余信息，提出了业绩匹配琼斯模型，模型如下：

$$TA_{it}/A_{it-1} = \beta_0/A_{it-1} + \beta_1\Delta REV_{it}/A_{it-1} + \beta_2 PPE_{it}/A_{it-1} + \beta_3 ROA_{it} + \varepsilon_{it} \tag{2-3}$$

Jones 模型由 Jones（1991）提出，他指出企业的资产和收入的变化对应计利润的解释程度越小，企业的盈余质量就越低。Francis（2005）也发现，较大的可操控应计利润会导致企业债务融资成本上升。马永强等（2014）应用修正的琼斯模型计量可操纵的应计盈余管理，来研究盈余管理与信贷资源的配置效率，研究表明企业通过应计盈余管理调节利润越大，企业获得的银行信贷就越多。刘慧龙等（2014）应用盈余管理作为会计信息质量的替代变量研究了决策权配置、盈余管理与投资效率三者之间的关系。陈红等（2014）在研究表外负债与会计信息质量、商业信用时，以修正的琼斯模型计算可操控应计利润作为会计信息质量的替代变量。Jha（2013）应用修正琼斯模型计算的残差作为会计信息质量的代理变量，研究了盈余管理与债务契约之间的关系。陈作华和金贞姬（2014）应用盈余质量变量，研究了应计盈余管理对公司系统性风险的影响。许娟娟等（2016）利用可操纵应计盈余管理作为盈余管理变量，检验了股权激励、盈余管理和公司业绩三者之间的关系。王亮亮和俞静（2016）研究了定向增发、盈余管理和股票流动性之间的关系后发现，定向增发会促进股票流动，盈余管理的存在会降低股票的流动性。Dechow 等（1995）认为依据琼斯模型计算盈余质量与实践不相符，主要原因是琼斯模型中假定收入不可操控，实际上企业可以利用推迟确认收入或者提前确认收入的方式来调节收入的大小，因此学者们不断对琼斯模型进行修正改进。Dechow 和 Dichev（2002）提出了 DD 模型，该模型核心是计算应计项目与现金流之间的盈余管理关系，规避了收入被操纵的可能性。王兵（2008）应用 DD 模型，检验了企业的盈余质量与资本成本之间的关系。除了采用琼斯模型和 DD 模型度量企业的会计信息质量外，学者们还经常采用会计稳健性来度量会计信息质量。会计稳健性是指对于发生的不利消息或者说是坏消息能够给予及时的计量确认，保证财务报告所提供的信息符合稳健性的特征。及时对坏消息进行确认有利于信息使用者及时了解企业的状况，可以抑制管理者对投资人的利益损害。Basu（1997）提出了 Basu 模型，该模型主要是强调了企业对于坏消息确认的速度要快于对好消息的确认速度，这种对利润确认非对称性就是会计稳健性的具体体现。Ball 和 Shivakumar（2005）对 Basu 模型进行了修正，用能够准确反映企业利润和损失的经营活动现金流替代了股票收益率。李维安和陈钢（2015）以会计稳健性作为会计信息质量的替代变量，以会计稳健性减少企业利益相关者之间的信息不对称为视角，研究了会计稳健性、信息不对称与并购绩效，通过检验发现会计稳健性与长期并购绩效显著的正相关，而与短期并购绩效之间关系不明显。Ann 和 Audrey（2010）采用会计稳健性作为会计信息质量的替代变量，研究发现采用稳健财务报告的企业有利于缓解由于信息不对称所带来的代理成本。李连军和戴经纬（2016）应用会计稳健性作为会计信息质量的替代变量，研究了货币政策、会计稳健性与企业的融资约束，通过研究发现紧缩的货币政策会增加企业的融资约束，但是稳健的会计政策可以缓解货币政策对企业的融资约束。

（3）研究者自建指标。

许多学者为了研究会计信息质量相关问题，他们自行构建会计信息质量评价指标。Botosan（1997）应用了 122 家制造企业的样本，将财务报告中自愿披露的信息分为 5 大类，然后依据所研究的目标将每一大类指标进行赋值，得出了信息披露指数，该指数越高，信息披露质量就越好。Barton 和 Waymire（2004）将企业披露报告的透明度和真实性作为会计信息质量的替代变量，考察了投资者保护的问题，将报告中是否将固定资产的折旧、无形资产的折耗、销售退回等信息进行及时披露作为报告透明度的考核标准，将注册会计师的特征及审计报告作为报告真实性的评价标准来构建会计信息质量的评价体系。在我国，也有一些学者出于自身研究的目的来构建会计信息质量评价指标。孙铮等（2006）通过选择财务分析中 10 个财务指标运用因子分析法将流动比率、资产负债率等反映企业偿债能力的指标作为偿债能力因子，将净资产收益率和销售获利率及总资产获利率等指标作为盈利能力因子，研究了所有权性质、会计信息质量和债务契约之间的关系。高明华（2012）从及时性、完整性和真实性三个方面构建上市公司信息披露指数。王博森和施丹（2014）在研究会计信息对债券定价的作用时，采用了自行构建会计信息质量指标，应用了 17 个财务会计中比较有代表性的财务指标，运用因子分析法将 17 个指标整合为营运能力、盈利能力、现金流量、偿债能力、流动能力、成长能力 6 个指标，应用 6 个指标比较充分全面地考察企业的会计信息质量，进而检验会计信息质量对于债券定价的具体作用。尤苒（2015）在研究货币政策是否会影响会计信息的有用性时，利用了流动比率、速动比率、现金比率、资产报酬率、总资产净利润率、资产负债率、流动资产周转率、总资产周转率 8 个指标来构建会计信息质量体系。

2.3.2　会计信息质量的经济后果

Smith 和 Warner（1979）指出债权人和所有者之间存在四种代理冲突，第一种是债权人和股东之间关于股利的冲突，债务人会关注股东因发放股利而减少企业资源导致企业无法到期偿还本金和利息；第二种是债权人与企业关于新增债务的冲突，企业在未来增加新债务而影响企业对原有债务的偿还能力；第三种是资产替换的冲突，企业有动机投资高风险高回报的项目，因为企业（股东）是企业财产的剩余持有人，当投资回报高于企业的借款利息时，财富将从债权人向股东转移；第四种是投资不足的冲突，当企业面临困境时，企业可能会放弃那些投资净现值为正的项目，因为投资收益仅够付给债权人的成本而股东没有剩余收益。基于这四种代理冲突而产生相应的代理成本。Watts 和 Zimmerman（1990）指出企业的会计信息在减少股东与债权人的代理成本上起到重要的作用，债权人可以通过了解企业的会计信息来签订相应的债务合同，如可以签订限制企业发放股利或限制企业举借新债，限制企业的资本支出或是资产出售。通过限制条款的签订可以缓解股利冲突、举新债冲突和资产置换冲突，但是对于投资不足的冲突很难通过获取会计信息签订债务契约来缓解，因此债权人会利用提高利率或是降低发行价的方式增加企业的债务融资成本。Duffie 和 Lando（2001）发现由于企业与债权人的信息不对称导致财务报告质量较差的企业在二级市场上具有较高的信用利差。他们还进一步证实即使投资者是风险中立的而且不存在信息不对称的情况下，企业的财务报告质量低下仍然会导致二级市场上的信用利差偏高。

Myers 和 Majluf（1984）认为在债务期限与信息不对称之间存在反向的关系，在企业融资中他们建立了一个融资等级，这个等级的依据就是信息成本与期限的长短呈正比关系。当企业的信息不对称比较大时，债权人为了规避风险而通常向企业提供短期债务。银行在对外发放贷款时主要面临逆向选择和道德风险问题，当企业的信息不对称程度比较高时银行所付出的监管成本就会增加，相应地会面临更大的道德风险，因此，银行通过与企业的债务期限契约来降低风险。雷森等（2004）以中国上市公司为例研究了信息不对称程度对债务期限结构的影响，结果表明，信息不对称程度高的企业拥有较多的短期借款，信息不对称程度低的企业拥有较多的长期借款。金融机构及债券持有人对企业进行投资分析主要采用的是财务报表分析技术，即主要看企业相关的财务信息，用这些信息来分析企业未来获利能力和产生现金的能力，进而去评价企业的偿还能力。财务报表成为一种重要的信息资源以此来缓解企业与债权人之间的信息不对称和借贷风险。企业的会计信息质量越高，对未来现金流预测得越精确，企业的信息风险就会越低。Dechow（1994）的研究中也证明了企业应计质量能够增加企业预测将来现金流的能力进而减少企业的信息风险。Bharath等（2008）进一步证明了高应计质量会影响到债务结构。Pedro（2014）以西班牙上市公司为例研究了应计质量与银行贷款的可获得性，结果表明，应计质量越高，企业越容易获得银行贷款。冯展斌（2013）认为企业的长期借款与盈余质量负相关，企业为了获得长期借款具有操作盈余的动机。陶晓慧和柳建华（2010）发现稳健的会计信息可以作为一种信号，降低债权人对于企业未来破产风险违约风险的预期，企业的会计稳健程度越高，企业的长期债务获得将越多。Gomariz 和 Ballesta（2014）认为高质量的会计信息能够抑制过度投资，高质量的会计信息和债务期限都具有提高投资效率的能力，而且会计信息质量和债务期限之间具有交互替代关系。Custodio 等（2013）应用美国上市公司 30 年的样本数据后发现，当企业的信息不对称程度比较大时，企业获得长期债务的数量就会下降，信息不对称程度与债务期限结构呈反向相关关系。

由于盈余管理活动的存在导致企业盈余信息质量下降，使得投资者对企业未来现金流量的预测不确定性加大，即企业给外部投资者带来了信息风险，投资者为了弥补这种风险通常会要求更高的回报，因此企业的盈余管理程度越高，会计信息质量越低，举债成本就越高（Francis et al.，2005；Bharath et al.，2006）。李四海等（2015）、姚立杰和夏冬林（2009）以我国企业为样本研究会计盈余质量与银行信贷决策，发现企业盈余管理程度越高，盈余信息质量越低，银行贷款成本就越高，而且还发现在私有产权制度的企业中盈余管理程度越高，企业越难以获得银行贷款。但是关于应计盈余管理对债务契约的影响也有另外一种研究结论，如陆正飞等（2008）认为企业的盈余管理行为很难被银行识别。企业的盈余管理程度越多，报表上利润越高，企业就越容易获得银行贷款。马永强等（2014）发现企业通过应计项目调高利润后更容易获得银行贷款。周玮和徐玉德（2014）研究了会计稳健性与债务融资行为之间的关系，通过研究发现企业的会计稳健性越高，获得银行信用贷款越多。Erel 等（2013）从资金供给方的角度研究了信息不对称对于企业投融资的影响，当外部经济环境发生变化、商业银行信贷收紧时，资金的提供者会选择信息质量高的企业投资或者发放贷款。刘文军（2014）研究了会计稳健性对银行借款利率和担保率之间的关系，通过研究发现会计稳健性越强的企业，银行贷款的利率将越低，在非国有企业中，会计稳健性与担保率之间呈反向关系。曾爱民等（2016）研究了金融危机、会计稳健性与债务资源配置之间的关系，通过金融危机事件研究发现，会计稳健性不仅仅能够改变债务融资的方向而且能够显著地提升债务融资的效率，相对于国有企业，在非国有企业中会计稳健性对于债务融资方式的影响更加显著。

关于企业债务融资方式的选择，在很大程度上取决于企业的会计信息质量。总体上来说，企业可以从私有市场和公有市场来获得债务资金，主要是银行债务和公司债券。对于银行等债权人来说他们不仅要求债务人必须向他们提供所有的公众信息而且银行还可以获得更多关于企业管理或者是不对社会公众进行披露的私有信息。银行和公众债务投资人对信息掌握的不同直接影响了他们对企业的价值判断，通常来说公有投资人（债券持有人）会将资金投向企业会计信息质量高的企业，降低由于信息不对称所带来的违约风险。Bharath 等（2008）发现具有较低会计信息质量的企业比较容易从银行获得贷款，这是因为银行作为私有债权人比公司债的投资人更容易获得企业的私有信息，并且有能力对这些信息进行加工，降低了银行的逆向选择的风险。Beatty 等（2008）在企业是采取租赁方式获得资产还是通过股权或债权融资来获得资产中的研究中发现，具有较低会计信息质量的企业很可能采用租赁的方式来取得资产，因为出租人拥有对资产的优先占用权，即使企业破产了，出租人也不用像其他债权人那样需要经过破产程序得到补偿，正是出租人具有法律的保障才会将资产出租给企业。这也从另外一个角度说明企业会计信息质量低的企业会优先选择私有债务融资，具有较高会计信息质量的企业更可能采用向公开市场融资。Bharath 等（2008）研究进一步指出，公有债权人对会计信息质量低的企业采用价格保护，另一些私有债权人可以通过较低成本的合同机制来降低会计信息质量低企业的代理成本。从上述研究可以说明会计信息质量低的企业仍然可以通过债务的方式获得资金，只不过他们更容易从那些私有债权人处获得资金。杨兴全和郑军（2004）研究了公有债务和私有债务在缓解企业与债权人之间的代理冲突的差异性，研究结果表明，作为私有债权人的代表，银行具有信息优势进而能有效地监督企业，能够缓解代理成本。韩德宗和李艳荣（2003）实证研究了上市公司的债务方式，发现流动比率和每股收益是影响银行借款和商业信用的两个主要指标，其中流动比率与商业信用比例正相关，与银行借款比例负相关。

2.4 文献述评

本章首先回顾了债务融资中债务规模、债务方式和债务期限的影响因素，其次对货币政策与债务融资的关系给予梳理，最后从会计信息质量的角度回顾了会计信息质量对债务融资的经济后果。从文献回顾发现，货币政策可以通过信贷渠道和利率渠道对实体经济产生影响，货币政策的变动会影响到企业财务行为，尤其是货币政策会影响到企业债务融资的成本和可获得性。但是现有文献仍有进一步探讨和研究之处。

首先，既往货币政策对于微观企业行为的影响研究，主要集中在静态的视角，缺少从动态视角研究货币政策的波动对于微观企业行为的影响。宏观经济与微观企业行为互动关系的研究多数基于静态视角进行分析，如通过解读货币政策报告确定货币政策紧缩期间或者是宽松期间，研究货币政策对投资效率、企业价值、现金流的影响。随着我国利率市场化改革进程的推进，利率的调节作用不断加强，从利率调整的视角研究货币政策微观经济后果的文献还不多见，货币政策动态调整对债务融资的作用机制缺乏系统的研究框架，货币政策变动对微观企业债务融资的经济后果还没有清晰的结论。

其次，现有文献关于研究货币政策对企业债务融资研究中，主要侧重于货币政策对债务融资的成本及债务可获得性及商业信用替代性融资等方面。但是随着我国债券市场的不断完善，企业的公开债务融资能力不断加强，企业公开债务融资与私有债务融资之间是否存在替代效应？在不同的期间，企业是会更多地选择公开债务融资还是选择私有债务融资？债务融资方式的选择是否主要取决企业自身的财务特征？当外部货币环境发生变动时，企业的融资方式是否会受到影响？在货币政策紧缩期间，企业的公开债务融资是否可以作为私有债务的补充？在货币政策发生变动时，从资金供给变动的视角检验企业债务融资方式的问题有待于进一步研究。

再其次，对于债务期限结构的研究中，国内外学者主要从企业内部因素和外部制度环境两个方面考察债务期限的影响因素。其中内部因素主要关注企业盈利能力、资产期限、投资效率、经营现金流、公司治理机制等对企业债务期限的影响，上述指标的研究增强了对企业债务期限内在影响因素的理解和认识。近年来有个别学者开始关注外部宏观经济因素、制度环境等对债务期限的影响，由于企业借贷的时间序列数据难以获得，现有文献对货币政策等宏观经济条件是否影响债务期限结构，以及货币政策如何影响债务期限等实证研究十分稀少，尤其是作为新兴转轨经济体中债务期限的宏观影响研究较少，对货币政策变化是通过哪些机制作用到企业的债务期限，债务期限的选择是否会受到货币政策的影响就更加不清楚了。债务期限决策是债务融资中非常重要的决策，它对企业的流动性和投资决策有很大的影响，因此，贷款期限如何决定以及货币政策怎样影响贷款期限等问题仍需进一步研究。

最后，关于货币政策对债务的影响研究中，有研究从区域环境、银行关系、内部控制等方面展开，但是直接从企业会计信息角度研究的比较少。企业会计信息质量的高低会影响债务契约的制定，既有研究都已经做了大量的研究。但是在外部资金供给环境发生变动时，企业主体是否会通过会计信息质量的提高来缓解宏观货币政策的影响。既有个别文章研究了货币政策、会计信息与企业债务融资，但也是仅从会计信息质量的某个侧面，如会计的稳健性（饶品贵和姜国华，2011）方面进行，没有将会计信息质量中的盈余管理的信息考虑进去，因此本书将研究会计信息质量的不同侧面在货币政策对于企业债务规模调整、债务融资的方式及债务融资期限影响中的作用。

第3章　理论基础

本书主要检验货币政策对于债务融资的影响，以及检验会计信息质量的调节作用，根据研究的主体进行相关理论的回顾，确定研究的理论基础。宏观货币政策对于微观主体经济的影响主要是要通过一定的中介变量来实现的，因此为了较好地研究货币政策对于债务融资的影响，本章首先对货币政策的传导机制理论进行梳理回顾，理论上分析了货币政策影响微观企业债务融资的传导机制。其次，从信贷配给理论和信息不对称理论分析了会计信息质量对企业债务融资的影响机理。最后，对债务融资的契约理论和债务期限结构理论进行梳理。本章对货币政策、会计信息质量和债务融资相关理论的分析为后面的实证检验奠定了坚实的理论基础。

3.1 货币政策影响债务融资的理论

3.1.1 货币传导机制理论

宏观货币政策对于微观经济的运行和发展并不能产生直接的影响，货币政策对于微观经济主体行为的影响主要依赖于货币政策的传导机制。货币政策是否能起到经济调控的作用，首先要看货币政策的传导渠道是否畅通，货币政策是通过什么渠道来作用于实体经济的；其次实体经济会对货币政策做出怎样的反应。因此，本书首先来梳理货币政策传导机制理论的发展，进而从理论上分析货币政策的调整变化是否会对企业债务融资产生影响。

货币政策传导机制是指中央银行应用货币政策工具达到稳定物价、促进经济增长等既定目标的过程，该过程也是由宏观政策到微观主体，从政策法规或金融改革措施到实体经济，由上至下发挥作用的传导途径与作用机理。货币政策有效是货币政策传导机制理论的研究前提，货币政策的有效就是指通过调整货币政策可以起到影响经济产出，货币政策与经济产出之间存在着一定的联系。货币政策的有效性通常强调中央银行能够控制货币，也就是说，货币是非中性的并且是外生变量。货币的非中性理论是强调货币数量不仅仅会影响价格水平而且对于宏观经济产出和就业等经济变量也会产生影响。古典理论认为货币是中性的，即货币的供应量对产出和就业不会产生影响。货币的外生性是央行能够控制货币的供给数量，通过货币供给量来影响货币的价格，继而影响全社会的投资及经济产出，也就是说可以通过控制货币供应量的方式来实现货币政策的最终目标。货币的内生性与货币的外生性正好相反，货币的内生性主要是指中央银行不能控制货币的供应量，货币的供应量是由经济活动的自身因素所影响，也就是央行不能通过控制货币供应量来控制货币价格进而影响经济产出和就业水平。因此，货币政策的传导机制理论前提即货币政策的非中性和货币政策的外生性。

货币政策传导机制理论可以追溯到 20 世纪初，最早是货币数量论，后来是费舍尔的现金交易数量理论，再后来是庇古的现金余额理论，他们认为货币政策具有直接传导的作用，其后瑞典经济学家维克赛尔提出了货币政策的间接传导机制。传统货币数量论主张在均衡状态下，经济将持续保持在充分就业状态，货币的供求关系既不会影响到经济产出也不会影响到利率。20 世纪 30 年代凯恩斯以大萧条为经济背景提出了利率传导机制，强调了利率是货币政策影响经济实体的间接传导机制，强化了利率的重要性。随后，弗里德曼提出了货币供应量的传导机制。到 60 年代詹姆斯托宾提出了金融资产结构平衡论。到 20 世纪末，银行信贷传导渠道和资产负债表传导渠道是货币传导机制的主流学说。当前理论与实务界关于货币政策传导机制的划分观点比较统一，大概分为货币渠道和信贷渠道，货币政策通过货币渠道或者信贷渠道作用于银行、资本市场，进而对实体经济产生一系列的影响。

3.1.1.1　货币渠道

以凯恩斯学派为代表提出的货币传导渠道主要是以利率渠道为核

心，突出利率的重要作用，各国政府通过调整货币供应量来影响利率，进而影响投资、总需求、国民收入。货币渠道也被称为资产结构调整效应渠道，一些学者认为货币渠道还包括金融资产价格传导渠道、财富效应传导渠道等。国内外主张货币渠道传导机制的学者们普遍会依据利率或者股票价格的变化来调整微观个体的资产投入及支出。货币传导渠道观点是建立在强势有效市场的假设下，货币传导渠道认为不同类型的金融资产是可以相互替代的，微观经济主体的资本结构不会受到资本成本的影响，市场上资金的供需情况完全可以由利率、股票等资产的价格指标予以反映。由于货币传导渠道存在多种表现形式，因此，根据具体传导路径不同将货币传导渠道分为利率渠道和资产价格渠道。

（1）利率传导渠道。

新古典主义经济学家维克赛尔首次将利率分为货币利率和自然利率，提出了货币利率和自然利率对经济的影响，同时指出，当货币利率低于自然利率时投资会上升，生产能力提高，物价升高；相反，如果货币利率高于自然利率会出现投资萎缩，生产能力下降，需求下降。在维克赛尔的理论基础上，凯恩斯提出货币政策主要是通过利率来影响产出，影响投资规模和个人消费。凯恩斯提出的流动偏好理论根据人们的交易动机、预防动机、投机动机将货币需求划分为交易需求、预防需求和投机需求，其中交易需求和预防需求和收入正相关，而投机需求则与利率相关。根据流动性偏好理论，货币的需求函数M_d可表示为：

$$M_d = L(y) + L(i) \tag{3-1}$$

其中，L(y) 是交易性动机和预防性动机所需的货币量，y 表示国民收入水平，L(i) 是投机动机的货币需求量，i 表示利率，因此货币需求是国民收入和利率的函数。货币供给 M_s是一条没有利率弹性的直线，是外生变量。货币供给等于货币需求时会产生均衡的利率。中央银行可以通过调节货币的供应量来影响利率。因此，凯恩斯认为，货币供给和货币需求共同决定了利率水平，如图 3 –1 所示。

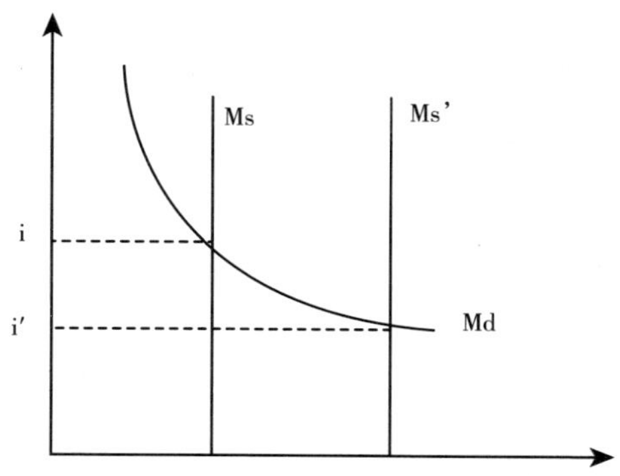

图 3 –1　货币需求、货币供给函数

凯恩斯的利率传导渠道的核心是利率，利率在货币政策的传导机制中发挥了至关重要的作用，中央银行通过调节货币供应量，进而改变货币的价格（利率），利率的变动导致投资成本的变动进而影响投资，投资又对产品市场的总需求产生主要影响，总需求进而影响总产出，货币政策对于最终产出的影响是通过利率变动来实现。凯恩斯的利率传导机制包括两个主要步骤，即货币政策供求决定了利率水平，利率进而影响总需求和总产出。当中央银行实行扩张性货币政策时，货币供应量增加，人们会将超过原来投机需求的货币量购买成其他资产，其他资产价格上升，导致利率下降，投资增加，进而刺激收入增加。

以扩张性货币政策为例，利率渠道的传导过程可以表示如下：

$$M\uparrow = i\downarrow = I\uparrow = Y\uparrow \tag{3-2}$$

公式表明，当货币供应量（M）上升时，导致实际利率（i）下降，降低了微观经济主体的融资成本，进而使得投资（I）增加，最终会导致总产出（Y）上升。

通过利率传导机制模型可以看出，一旦利率下降，社会的投资规模将变大，个体消费规模增加；相反，当利率上升时，社会总投资将下降，个人消费支出将萎缩，利率是货币政策的核心传导机制。利率由名义利率和实际利率组成，能够对社会投资、个人消费、经济产出产生影响的是实际利率而不是名义利率，因为当名义利率接近为零时货币政策仍然对经济具有刺激作用。利率又分成长期利率和短期利率，其中长期利率能够起到对经济的调节作用，但是长期利率是短期利率的累积均值。以紧缩性货币政策为例，紧缩性货币政策使得短期的名义利率和实际利率都上升，但是由于存在价格粘性，短期实际利率的上升导致长期实际利率的上升，使得企业投资的减缓，消费者的住房、耐用品消费下降，最终影响总支出下降。因此，在现实生活中货币政策的调整都是从短期利率入手。

（2）资产价格传导渠道。

凯恩斯在分析货币政策对宏观经济的影响中，主要关注了货币的价格即利率对实体经济的影响，忽略了企业的其他资产，如股票、房地产等金融资产和实物资产价格的变动对实体经济的影响，因此，在凯恩斯利率传导机制的理论上，货币主义学者们又提出了资产价格传导渠道，该渠道是指货币政策可以通过非货币性资产的价格（即股票资产或者房地产资产等）影响经济总产出。资产价格传导渠道又因为资产价格对投资和消费的作用不同又分成托宾Q渠道和财富效应渠道。

托宾Q渠道是托宾于1969年提出，托宾将货币政策和资本市场紧密地联系起来，他认为货币政策可以通过股票价格影响企业的投资，进而影响全社会的经济产出。托宾将企业的资产分为金融资产和实物资产，引入了重置价值概念，把企业资产的市场价值和企业资产的重置价值之比定义为资产的Q值，当Q值大于1时，说明企业的重置价值低于企业的市场价值，企业通过资本市场获得资金，进而投资于厂房设备等实物资产，因此企业的投资就会上升。托宾Q的核心思想就是当央行的货币政策变动时，会影响资本市场上股票价格的变动，进而影响企业的投资，从而实现货币政策的最终目标。以扩张性货币政策为例，当货币供应量（M）增加时，利率（i）下降，资本市场上股票价格（P）上升，实物资产价格变化不大，因此企业的市场价值就会超过重置价值，托宾Q大于1，企业会通过资本市场发行股票等金融资产来获得价值变动不大的实物资产，因此微观经济主体的固定资产投资（I）加大，带动经济产出（Y）的增加。

托宾Q传导渠道的传导过程可以表示如下：

$$M\uparrow = i\downarrow = P\uparrow = I\uparrow = Y\uparrow \tag{3-3}$$

财富效应渠道是由莫迪利安尼（Modigliani）提出的，他在生命周期理论中分析了消费者的消费与个人财富的关系，他认为居民的消费不是仅仅取决于当前的收入，而是和他的财富有关系，个人的财富包括金融资产和房地产等实物资产，当个人的资产价格上升时其消费也会随之增加，需求的增长进而刺激产出的增加。以扩张性货币政策为例，当货币供给量（M）增加时，货币价格利率（i）下降，股票、房地产价格上升，人们的财富（W）增加，居民的个人消费（C）增加，最终刺激经济产出（Y）增加。

财富效应传导渠道的传导过程可以表示如下：

$$M\uparrow = i\downarrow = W\uparrow = C\uparrow = Y\uparrow \tag{3-4}$$

3.1.1.2 信贷渠道

信贷渠道是指中央银行通过对信贷市场进行调控，进而调节企业信贷资金规模和成本，最终达到影响实体经济的传导过程。利率传导渠道假设市场是信息对称而且有效的，进而分析利率与投资和产出之间的关系。然而现实市场是不完善的，尤其是存在信息不对称即信贷市场存在摩擦，使得信贷的数量和信贷利率成为不可或缺的货币政策工具，由此产生了信贷渠道。倡导信贷渠道的学者们认为金融市场是非强势有效的，信贷渠道又可以细分为银行信贷渠道和资产负债表渠道，其中银行信贷渠道主要是从提供资金的银行角度来考察货币政策的传导效率。资产负债表渠道主要是从资金的需求方企业的角度来考察货币政策的传导效率。

（1）银行信贷传导机制。

凯恩斯利率传导机制的前提假设要求市场上信息是完全对称的，即需要资金的一方和提供资金方对企业的信息都充分了解掌握。银行贷款和发行股票或债券等融资方式可以完全互换。以伯南克和布兰德为代表的新凯恩斯主义经济学家指出凯恩斯利率传导机制的前提假设并不成立，一方面，现实的金融市场环境并不够完美，一定存在着信息不对称；另一方面有很多企业尤其是一些中小企业当它们不能从银行获得贷款时，同样也很难从资本市场通过发行股票或债券获得资金，这种情况在以银行作为金融核心机构的国家更为明显。因此，当法定存款准备金率发生变动时，商业银行的货币供给量和成本都将发生改变，银行的资源配置将会进行重新调整，这时那些依赖银行借款的企业就很难从银行获得充足的资金，进而影响企业的投资，最终影响全社会的经济产出。

由约翰·希克斯和阿尔文·汉森提出的传统 IS－LM 是建立在凯恩斯宏观经济学思想上，该模型为分析货币政策的传导机制提供了简明的工具，但是该模型的应用需有一定的前提假设即银行贷款和债券这两种资产可以相互替代，然而银行贷款和债券在现实经济中不能完全替代，因此，伯南克和布兰德放松了该模型的约束条件，将信贷市场的均衡引入了 IS－LM 模型中，即 CC－LM 模型，应用 CC－LM 模型来分析货币政策的银行信贷渠道。在 CC－LM 模型有三种金融资产即货币、债券和贷款，而且这三种资产并不能完全替代，其中 CC 曲线代表商品市场和信贷市场均衡的条件，而 LM 代表货币市场均衡的条件。当央行执行扩张的货币政策时，LM 曲线会向右移动，而且 CC 曲线也会向上移动，其扩张的货币政策的结果是经济产出的增加，如图 3－2 所示。

银行贷款传导渠道对货币政策的传导机理主要是：中央银行利用货币政策的操作工具来调整商业银行的放贷数量和贷款价格，商业银

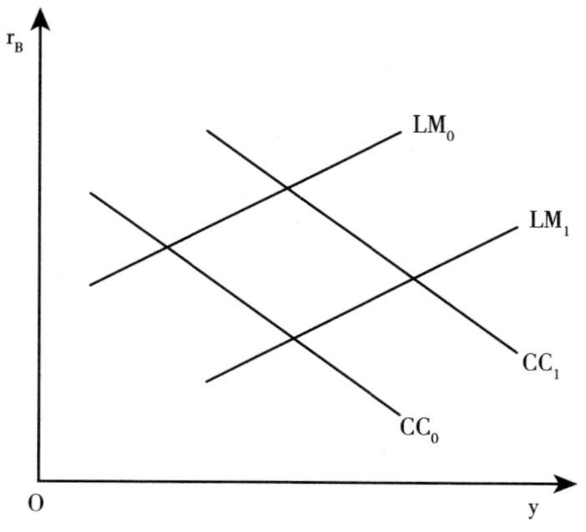

图 3-2　CC-LM 模型

行是否能够及时调整自身的资产结构及负债结构，如果商业银行不能够及时调整自身的资产负债表结构来应对中央银行的货币政策变动的冲击，那么必然会造成商业银行放贷数量的变动，那些依赖于银行借款企业的筹资额也必然会受到影响。银行信贷传导渠道包含两个过程：其一，是中央银行调控商业银行的放贷量；其二，商业银行的贷款量又会影响到企业的融资额，进而影响到实体经济的投资和产出。

以扩张性货币政策为例，银行信贷渠道可表示为：

$$M\uparrow = R\uparrow = L\uparrow = I\uparrow = Y\uparrow \tag{3-5}$$

当中央银行执行扩张性的货币政策时，货币供应量增加（M），商业银行的可贷款资金规模（R）增加，企业的贷款规模（L）增加，企业投资（I）增加，最终带来全社会总产出（Y）的上升。

（2）资产负债表渠道。

企业是否能够获得充足的贷款资金一方面与银行的可放贷数量有关，另一方面也受到企业的财务状况的影响。资产负债表渠道是中央银行通过货币政策工具的操作导致借款企业的资产结构和负债结构发生变动。资产负债表渠道关注借款人现金净流量、净资产的价值和企业的流动性等对货币政策变动所产生的波动。

资产负债表渠道于20世纪70年代开始被经济学家们所关注，经济学家们发现资本市场上存在信息摩擦，从而使得资金的提供方和使用方之间存在信息非对称性，信息的非对称性带来道德风险和逆向选择问题。当企业需要资金时可以依靠内部融资和外部融资两种渠道，但是外部融资成本会高于内部融资成本，也就是外部“融资升水”，外部“融资升水”主要包括评估借款人信用的成本、监督借款人履约的成本、防止道德风险而发生的成本、收回贷款额外支付的成本。如果企业自身的财务状况越好，销售收入越多，企业的净资产价值越高，企业发生道德风险的可能性就越小，外部“融资升水”就会越小。企业的净资产与外部“融资升水”呈反向关系，企业外部“融资升水”的下降会刺激企业投资支出的增加，进而带动经济产出的增加。

当中央银行实行紧缩性的货币政策时，资金的利率就会上升，利率上升一方面使得企业外部融资成本加大，增加了企业外部融资的负担；另一方面会降低企业的可抵押价值，当企业存在借款时，企业的债务利息支出将会增加，那么可用的现金将会下降，企业现金的下降反映到资产负债表上，企业的净资产会表现出下降，企业净资产的抵押价值将会下降，由于信息不对称，商业银行在制订信贷决策时首先就会审阅企业的资产负债表，进而来制订其发放贷款的金额、利率和期限等，企业净资产的降低会导致企业向银行申请贷款的能力下降。如果企业的融资能力受到限制，则进一步会约束企业的投资及消费的能力，进而放大了货币政策对实体经济的冲击。因此，当中央银行对货币政策进行调控时，货币政策的效果可以通过企业的资产负债表状况传导到实体经济中。

在扩张性货币政策下，资产负债表渠道可表示为：

$$M\uparrow = A\uparrow = L\uparrow = I\uparrow = Y\uparrow \qquad (3-6)$$

当央行执行宽松的货币政策时，货币供应量（M）增加，企业净资产（A）增加，企业获得的贷款规模（L）增加，投资（I）增加，社会经济产出（Y）增加。

3.1.2　货币政策影响企业债务融资的传导机制

我国中央银行通过应用公开市场操作、存款准备金率和存贷款基准率等货币政策工具来达到稳定物价，促进经济增长的总体目标。当前货币政策对宏观实体经济产生影响的主要渠道是货币渠道和银行信贷渠道，货币政策对于宏观经济的影响要通过微观个体的传导，因此，货币政策对于微观企业的传导机制也主要是通过货币渠道和银行信贷渠道发挥作用，货币政策影响债务融资的传导机制如图 3 – 3 所示。

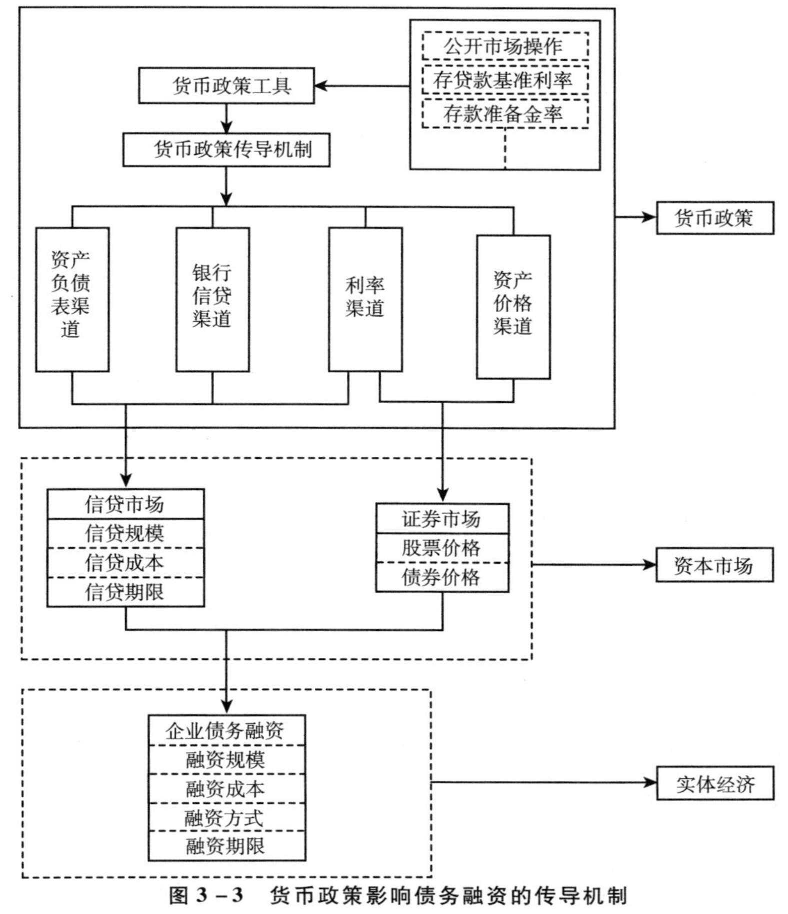

图 3 – 3　货币政策影响债务融资的传导机制

货币政策通过利率渠道影响经济产出，首先是货币政策通过利率影响微观企业个体的债务融资。企业在进行债务融资时对利率的敏感性是货币政策利率渠道在微观企业中能否发挥作用的关键。当中央银行提高利率时，商业银行之间的拆借利率会提高，银行间进行相互拆借的资本增大，银行一方面会通过提高对外提供贷款的利率来缓解银行自身成本的升高；另一方面，银行会降低对外放贷的数量。当中央银行提高利率时，资本市场上的资金成本增加，股票的价格将下降，债务市场的融资成本也会增加。中央银行利率的提升，可以通过金融机构和资本市场的反应传导到实体经济中，对于微观经济主体最直观的影响是企业的融资，然而不同类型的企业对于利率的变动反应并不相同，对于那些资本密集型的企业，当中央银行调整货币的利率时，对企业的影响会比较显著，最为直接的是企业银行贷款利率会上升，债务融资的成本会加大。相反，对于劳动密集型的企业来说，他们所受资金供求影响不大，对利率的反应也不够明显。另外，不同债务融资方式的企业对利率的反应也会不同，当一个企业主要依赖于银行借款时，那么这个企业对于利率的变动就会非常敏感，而当一个企业的债务主要依赖于商业信用，那么利率的变动对这个企业就不会产生较大的影响。因此，由于企业个体的异质性，会使得货币政策的利率渠道在不同企业中产生不同的影响，企业的债务融资规模和成本也就会不同，那么企业相应的投资支出也会有所不同。

货币政策通过托宾 Q 渠道对实体经济的影响主要是看货币政策的变动对于资本市场股票价格的影响，当企业能够上市对外发行股票时，货币政策的托宾 Q 影响才会存在。如果央行执行宽松的货币政策，企业就可以通过资本市场发放股票来融资，获得更大的 Q 值。当企业的股权融资增加时，企业对债务融资的需求会相应下降，企业债务融资的规模就会减少。一方面，托宾 Q 渠道对于企业债务融资的影响首先要看企业是否具有发放股票的资格，对于那些没有上市不能发行股票的企业来说，托宾 Q 渠道的货币政策影响就会非常小；

另一方面，即使是上市公司，不同上市公司的股票价格对于货币政策的反应也会不同，有一些企业的股票对于货币政策很敏感，当央行的货币政策工具调整时，资本市场上股价随之发生较大变化的企业受到货币政策托宾Q的影响比较显著。易纲和王召（2002）认为，在货币政策发生变动的背景下，央行的基准利率下调，资本市场上股票价格上升，但是股票加大的上涨并没有带来经济的持续增长，反而使得经济的不稳定性加大，其股票的财富效应也没有增加个人消费。余元全（2004）应用证券发展初期的数据，运用协整分析、格兰杰因果检验等方法检验资本市场的传导效率，结果表明，我国资本市场的货币传导机制不通畅，不能有效传导货币政策。但是随着资本市场的不断完善，我国股票市场的财富效应逐渐显现。王虎等（2009）研究发现，我国资本市场的投资效应不断加强，股票市场的货币政策传导机制越来越畅通，财富效应越来越明显。货币政策会通过影响人们拥有资产的价格来影响人们的消费行为，当人们的收入较低、家庭资产额度较小时，居民的消费就会主要集中在日常生活的衣食住行上面，那么对于生产制造企业来说，市场的需求是比较充分的，因此，企业会去投资生产来满足该需求，企业投资所需资金倒逼企业进行融资，企业在融资中对于那些依赖银行的企业，其债务融资就会上升。另外，当人们收入较高、拥有的财富增加时，人们的消费不再仅仅限制在满足基本生活支出，而是追求更多精神层面上的消费，那么提供服务类的企业在此种情况下会快速地发展起来，因此，通过改变人们所拥有资产的价格方式来影响人们的消费，货币政策通过资产价格渠道来实现货币政策影响实体经济的目标。

货币政策的变动可以通过银行的信贷渠道影响实体经济，当中央银行执行紧缩的货币政策时，减少货币供应量的投放，市场上资金的数量就会减少，银行层面的资金流将减少，银行的可供贷款的数量也会下降，银行的对外可放贷数量的变动必然会对企业的债务融资产生影响。但是不同企业受到银行信贷渠道的影响会有很大的差异。首先，不同产权性质的企业对于银行信贷渠道的反应会有所不同，对于国有企业来说，其规模通常较大，而且成立的时间会比较长，具有政府的隐性担保优势，与商业银行的业务往来通常较多，当央行执行紧缩型的货币政策时，商业银行对外放贷数量下降，国有企业获得的贷款量通常会高于非国有企业。其次，债务规模不同的企业对于银行信贷渠道的反应也不同。当一个企业自有资本比较高、较少依赖债务融资时，银行信贷数量的变动对该企业的影响就不会很大；相反，如果一个资产负债率很高的企业，当银行收缩放贷数量时，该企业就会产生较大的融资问题。货币政策对于企业债务融资的冲击通过银行信贷渠道会改变企业获得的贷款规模，进而会影响个体企业的投资，并最终影响到经济总产出。叶康涛和祝继高（2009）认为我国货币政策能够通过影响商业银行的信贷规模进而影响企业的信贷资源的获取。祝继高和陆正飞（2009）、陆正飞等（2009）、饶品贵和姜国华（2013）等学者分别应用了企业的微观数据检验货币政策对于微观企业债务融资成本和规模的影响，研究结论都从一定程度上证明我国信贷渠道的有效性。

由于每个企业的资产负债表存在构成和规模上的巨大差异，因此每一个企业对于资产负债表渠道的反应也会不一致。当一个企业规模比较大、企业的净资产额较大时，那么该企业相对于净资产额低的企业更容易从银行获得贷款。对于企业经营状况良好，销售收入较大，现金流比较充裕，自身的融资能力增强，企业的债务担保能力增强，企业获得债务融资的可能性增大。不同企业的资产负债率也存在较大差异，当一个企业的资产负债率高于行业平均值时，该企业承受风险的能力就会下降，企业与银行间的信息不对称程度会加大，导致逆向选择和道德风险问题，一旦央行采取紧缩的货币政策时，该种类型的企业现金流和可抵押资产价值就会下降，从银行获得贷款将会更加困难，进而使得企业的投资支出的贷款减少。Bernanke 和 Gertler（1988）指出货币政策会影响到企业获得银行信贷的能力。银行对于申请贷款的企业是否发放贷款，或者是发放多少贷款，银行会关注企业资产的抵押价值，抵押价值的大小首先要看利率的大小，当央行执行紧缩的货币政策时，金融机构的利率普遍是上调的，利率的上升一方面使得企业的抵押价值下降，另一方面利率的上升也会使得企业已存债务成本的上升，加大企业的利息负担，降低企业的现金流，最终导致企业的财务状况恶化，资产负债表效应显现。货币政策除了影响到本企业的资产负债表状况外，还会通过影响企业的供应商或者顾客等产业链上的企业资产负债表状况，导致本企业的净现金流和可供抵押资产的价值下降。

3.2　信息理论与债务融资

3.2.1　信贷配给理论

信贷配给是现行信贷市场上一种常见的现象，表现为在借贷市场上有一些人愿意付出银行的现行利率或者是愿意付出更高的利率而仍然没有办法从银行获得贷款或者得不到充足的贷款。其主要有两种信贷配给类型：第一类信贷配给是对所有的借款企业都统一实行的配给限制，所有向银行申请贷款的企业都只能得到部分贷款；第二类信贷配给是对不同的借款企业区别对待，满足一部分企业的需求，对另一部分企业则实行配给限制。

信贷配给的主要原因是市场对于借款的需求大于借款的供给，在一定的利率条件下银行实行信贷配给。一些企业只能在一定的额度内获得银行借款，另一些企业根本没有办法从银行获得借款。一些经济学家就在探讨为什么会出现信贷的需求超过信贷的供给呢？银行为什么不采用提高利率的方式来达到的信贷需求和信贷供给的平衡呢？在信贷市场中，当中央银行采用不同的货币攻策时，会影响商业银行的放贷数量和放贷成本，进而会引发借款人的可贷款数量和贷款利率的变动，当中央银行采用紧缩的货币政策时，商业银行的可贷款总额会下降，因此会出现信贷的需求超过信贷供给的现象，而且商业银行却没有办法完全通过市场利率来达到市场的出清。

20 世纪中后期以 Stiglitz 和 Weiss（1981）为代表的经济学家从信息经济学的角度解释了现行借贷市场中存在的信贷配给现象，提出了信贷配给理论。斯蒂格利茨等学者认为将信贷配给产生的主要原因归结为企业与银行间的信息不对称，学者们主要从道德风险和逆向选择两个视角阐述信贷配给的原因。首先，从道德风险的角度考虑，利率上升或者是银行贷款合同利率的提高会导致投资项目的回报率下降，投资的获利能力降低，此时借款人的行为也会发生改变，借款人有可能选择更有利于自身获利的项目投资，或者为了获得贷款而发生欺诈，最终会使得企业的还债能力也会下降，在完美市场和信息充分对称的情况下，银行可以控制借款人的行为，但是现实市场是银行对于企业的了解有限，银行通常仅能了解到借款项目的相关信息，对于借款人的行为没有办法完全控制，因此银行为了使得自身利益不受损失，也不会一直提高利率来达到信贷供给和信贷需求的平衡。其次，从逆向选择的角度，银行的预期回报主要是依赖于借款人的还款可能性，然而不同的借款人会有不同的还款可能性，那么银行如何来识别哪个借款人还款可能性高，哪个借款人还款可能性低，这时利率就成为银行衡量每个借款人还款能力的标准，银行要利用利率将好的借款人和坏的借款人区分出来，对于那些为了获得贷款而愿意支付更高利率的企业来说，它们的风险通常也会比较高，而不偿还银行贷款的可能性也越大，因此，银行不会一直提高利率，避免出现愿意支付低利率而还款能力强的好借款人借不到钱的情形出现，银行为了保证自身的回报率最优，不会一直增加利率，此时银行实行信贷配给是其最优决策。

3.2.2 信息不对称理论

新古典经济学的研究假设是市场上信息是完备的，不存在信息不充分的问题，新古典经济学家在信息完全的状态下研究市场的均衡问题。然而，乔治斯蒂格勒则提出市场上的信息是有成本的，信息的使用者和信息的发布者之间存在着信息不等价的问题，信息对于企业个体行为和市场均衡都会产生影响。20 世纪 70 年代，美国经济学家 Akerlof 根据美国二手车市场上的“柠檬问题”提出了信息不对称的理论。在二手车市场上由于卖家对于二手车的性能和质量具有充分的了解，当二手车性能比较好时，卖家就会将该车的售价定位比较高，然而买家对于该车的性能和质量没有充分的了解，因此买家只愿意拿出市场的平均价格来购买此车，在该种情况下，由于卖家不愿意低价出售自己高质量的二手车，而最终退出二手车的市场。信息不对称理论主要是指市场交易双方信息的掌握程度不同，信息掌握充分的人在交易过程中往往会更有优势，而信息掌握较少的人员通常处于劣势，因此，由于双方掌握信息的程度不同而影响交易双方的经济行为进而做出不同的经济决策。

按照信息不对称发生的时间不同可以分为两种情况，即逆向选择和道德风险。在交易发生之前由于交易双方掌握的信息不同而产生的非对称信息称为逆向选择。在交易发生之前由于双方信息含量不同，往往会导致拥有信息不充分一方做出非最优决策，也就是有可能发生“劣品驱逐良品”的问题。为了防止逆向选择问题的发生，最好的解决方案就是拥有信息优势的一方通过一定的方式手段向信息劣势方传递其掌握的信息，该信息的传递能够有效化解双方的信息不一致，有效降低逆向选择的风险。在交易发生之后由于交易双方掌握信息不同而产生的非对称信息称为道德风险。道德风险又可以细分为隐蔽行动的道德风险和隐藏信息的道德风险。隐蔽行动的道德风险是指当交易双方签订契约后，契约的监测方无法观测到契约执行方的全部行动，契约执行方可能为了达到自身利益的最大化而降低契约监测方的利益或者侵吞监测方的全部利益的行动而带来的风险。隐藏信息的风险是指当交易双方签订契约后，由于契约的监测方具有不完备的信息，契约的执行方为了利益最大化而隐藏某些对监测方不利的信息。因此，为了规避由信息不对称所带来的道德风险，契约的监测方就要设计一套合约，契约的执行方按照契约规定来进行交易活动，使得契约的监测方利益达到最大化。

企业的股东以企业价值最大化为目标，而企业的债权人以全额收回债务本金和利息为目标，因此，当公司进行外部融资时，由于股东和债权人之间利益的不一致，会产生股东和债权人之间的代理冲突。股东与债权人关于资产的盈利能力和偿债能力信息掌握程度不同，股东对于企业的未来盈利能力及偿债能力有充分的了解，而债权人最多仅能了解到该融资项目的盈利能力，债权人不具有信息优势，因此有可能发生因为信息不对称所带来的逆向选择问题。债权人为了避免逆向选择问题，一方面会实行信贷配给；另一方面可能会提高债务融资成本，使得企业的融资成本上升。

3.2.3 会计信息对货币政策影响债务融资的调节机制

当企业外部货币政策环境发生波动时，企业的投融资行为必然会发生改变，企业一方面会有动机调整财务能力来应对环境变化；另一方面也有动机通过提高会计信息质量的方式来应对货币政策波动的不利冲击，来降低市场摩擦，缓解信息不对称程度，避免信贷配给问题，提高资源获取效率。

首先，会计信息能够缓解信息不对称程度，由于信息不对称的存在导致市场上逆向选择，而逆向选择会带来市场资源配置效率的低下，因此社会资源配置的手段是否合理、配置的方向是否正确、经济的决策是否恰当，都依赖于信息是否充分，那么要提高市场资源配置的效率首要问题就是解决信息不对称的问题。会计信息能够综合反映企业的财务状况和经营成果，是企业与外部信息使用者之间联系的纽带。高质量的会计信息不仅能够准确反映企业的历史业绩，便于信息使用者对未来现金流的预测，还有利于减少企业与信息使用者之间的信息不对称程度，降低信息使用者因掌握的信息不充分而面临的信息风险，高质量的会计信息帮助资本市场各方参与者做出正确的投资决策。当企业在进行债务融资时，企业与债权人之间的信息是不对称的，表现为企业持有债权人所不知道的交易信息，债权人如果要想验证这些信息需要付出高昂的成本。因此，为了克服信息不对称所带来债务融资的无效率，企业通常会向债权人提供更多更充分的会计信息，同时提高会计信息质量，便于债权人了解企业真实的财务状况和盈利能力。当企业外部的宏观货币政策调整时，资本市场上股权融资的规模发生变化，银行的货币供应量发生波动，贷款利率浮动，债权人对于企业未来的经营状况的预测能力会下降，此时高质量的会计信息可以帮助债权人对于企业未来的收益和风险进行准确的估计。债权人对债务人的信息了解得越充分，未来情况掌握得越具体才越有可能将资金提供给信息不对称程度最小的企业。因此，在宏观货币政策波动时，会计信息具有的债务契约作用，能够缓解市场摩擦，可以有效避免因信息不对称而造成的信贷配给问题及债务融资成本高的问题。

其次，会计信息质量的提高能够保证资金的安全转移，在宏观经济衰退时期，会发生资金安全转移的行为，资金的提供考会将资金投向风险低、质量高的企业，那些提供信息质量高的企业更容易获得资金。尤其是我国以信贷资金为主的金融体系中，银行间的完全竞争还没有建立，银行对于贷款资金的风险非常重视，当央行收紧货币政策时，商业银行此时会产生信贷配给，银行作为资金的提供者也会进行资金安全转移，选择更为稳健的企业提供资金。饶品贵和姜国华（2011）研究结果表明，在货币政策紧缩时期，企业会选择更加稳健的会计处理方法，同时稳健的会计信息有利于企业获得更多的银行贷款。李志军和王善平（2011）证明，在货币紧缩时期，会计信息质量能够缓解货币政策对于企业债务融资的约束，债权人将资金借给信息质量高的企业。

最后，会计信息具有信号传递作用，在货币政策频繁调整时期，企业的资产价格会发生变动，投资人对未来风险预测的不确定性增大，企业资产的可抵押价值下降，企业的外部融资约束加大，此时控股股东和企业的管理者对于债权人利益侵占的动机就会下降，股东与债权人之间的代理冲突变小，企业也会愿意提供高的会计信息质量向债权人传递企业发展良好的信号，从而获取债权人的信贷支持，因此，高信息质量可以向债权人传递企业信号，能够有效抑制资产可抵押价值下降对债务融资行为的冲击，降低宏观经济的不利影响。

3.3 债务融资相关理论

3.3.1 债务契约理论

从新古典理论到代理理论再到交易成本理论，随着人们对于企业的功能和作用认识的加深，契约的功能也逐渐被认知和发展。债务契约是债权人和债务人之间达成的某种条款（Hart，1995）。债务契约代表着债权人有按契约规定的条款取得相应收益的权利，为了保证债权人的权益通常会建立一系列的机制。债务契约又分为完全契约和不完全契约。完全契约是指在契约签订时制定契约的双方都能对未来发生的事项进行准确的判断，而且双方也会按照契约要求完成契约内容，即使发生争议可以通过第三方来强制执行。完全契约建立在人们完全理性，未来环境的变动可以预知、契约双方的信息等价的基础上，然而外部环境是多变的、人们的理性是有限的、交易成本是存在的、交易双方的信息是不对称的，契约双方对于未来发生的事件不可能完全预知，导致现实中的契约均为不完全契约。

不完全债务契约产生的原因主要包括以下几个方面：（1）外在环境的复杂性及人们的有限理性，由于个体理性是有限的，企业所处的经济环境是千变万化的，因此契约双方很难对未知事项做出准确判断。（2）非零交易成本，科斯的交易成本问题作为新制度经济学研究的主要内容。Cheung（1969）认为契约是企业适应外部交易成本的一种工具，交易成本的大小将直接影响契约的签订、内容和执行，零交易成本是不存在的，交易成本是契约产生的根源。（3）信息的不对称性，签订契约的双方对于契约的内容双方所掌握的信息是不一致的，契约的一方掌握了另一方所不知道的信息，信息不对称是契约产生的主要原因之一。信息不对称包括事前信息不对称和事后的信息不对称，在契约签订之前主要是降低逆向选择的问题，在契约执行中要控制道德风险的问题。

债务契约的签订和具体实施是为了保护债权人的权益，债权人最基本收益就是按照契约收回本金和获取利息，如果债务人不能使得债权人的收益得到满足，债权人具有处置抵押资产的权力。通常在债务契约中会加入一定的限制性条款，该条款主要是规定了借款人可以做什么，必须要做什么，哪些事项不可以做，限制性条款的主要功能就是为了保护债权人利益最大化，确保债权人能够及时足额获得偿还的权力。债务契约产生的主要动因是资金的所有权和资金的使用权相分离，当资金的所有权和使用权分离时就会产生资金安全和资金收益的问题，该问题实质上就是债务融资中的代理成本问题。企业在进行外部债务融资时，企业所有者和债权人之间的委托代理关系会导致代理成本的存在。债务代理成本主要表现为：（1）股利发放，股利的发放增加了股东的权益，减少了企业的留存收益，降低了企业的价值，进而降低了债权人的求偿价值。（2）资产替代，股东为了追求利益最大化，可能会投资高风险甚至投资净现值为负数的项目，债权人的收益是一定，投资一旦成功所有超额收益归属于股东，但一旦投资失败债权人的权益将会受到损失。（3）债权侵害，如果企业通过发行债券或其他方式获得新债务，那么原有债权人的收益求偿权的价值就会下降。（4）投资不足，当企业对外投资时，如果所获得的收益主要归债权人所有，所有者无利可图时，即使是投资净现值为正的项目也会被放弃，最终使得企业的投资不足。通过债务契约的设计可以缓解或者是消除上述的代理成本问题。

由前面的分析可以看出，债务契约难以成为完全契约的主要原因是信息不对称和代理成本的存在，因此，债务契约是建立在不完全契约基础上的一种契约，也就是说，债务契约中不可能将正在发生及将来有可能发生的所有事项都包括进来。同时债务契约应该尽可能地降低股东对于债权人利益的侵蚀，通过债务契约的翔实设计来降低代理成本，保护债权人的利益。

3.3.2 债务期限理论

债务期限结构的选择作为债务融资决策的主要内容之一，从20世纪70年代开始一直都是学术界与实务界研究的重点。Myers（1977）从代理成本的视角解释了公司债务期限结构特征，由此展开了真正意义上的债务期限结构研究。Barclay和Smith（1995）发表的《公司债务的期限结构》是第一次对公司债务期限结构理论进行系统性研究的文献。随后关于债务期限结构的理论不断涌现，这主要有代理成本理论、期限匹配理论、信号传递理论、清算风险理论等。

（1）代理成本理论。

詹森和迈克林最早研究了代理成本与资本结构之间的关系，企业既可以采用债务融资又可以采用股权融资，企业采用不同的融资方式就会产生不同的委托代理关系，也会带来不同的委托代理成本。如果企业向债权人举债就会产生股东与债权人之间的利益冲突，进而产生债务代理成本。他们认为债务的增加会产生资产替代效应，由于企业股东对企业承担有限责任，股东在进行投资时就会将资金投资到风险高收益高的项目上，而放弃那些投资风险小收益较低的项目，当负债比例越高时，股东冒险的动机就越强烈，如果投资成功，则股东将获得所有超额收益，如果投资失败，则债权人将会承担很大的损失，股东利用债权人的资金将财富从债权人手中转移到自己手中，股东价值的增长是以债权人利益损失为代价的。理性的债权人为了抑制股东投资于高风险高收益的项目通常会在债务合同中添加相应的限制性条款，由此而产生的成本就是负债的代理成本。Black 和 Scholes（1973）通过研究发现，资产替代效应会使得财富从债权人手中转移到股东手中，此时企业使用短期债务则会使得转移财富的成本增加，从而抑制股东进行财富的转移。Barnea 等（1980）研究结果表明，相对于长期债务来说，短期债务的还款压力要更大，所有者为了保证企业价值，会减少高风险项目的投资，因此，应用短期债务能够抑制企业的投资。Leland 和 Tort（1996）研究发现，由资产替代效应引发的代理成本可以通过缩短债务期限的方式得到缓解，因此，采用较多的短期债务可以控制资产替代效应，降低代理成本。

Myers（1977）在《企业借贷的决定》中利用两阶段模型证明了投资不足的问题，他认为，当企业持有较多的未到期的债务，债权人会获得投资项目所带来的大部分收益，而股东所得的收益较小，那么股东在制订相应的投资决策时，即使投资净现值为正的项目也会被放弃，导致企业投资不足。如果债权人发现了投资不足现象的存在就会要求企业给予他们补偿，该种补偿就是因投资不足而产生的债务代理成本。Myers 进一步研究发现，当企业持有较多的短期债务时能够抑制原有债权人对新投资的收益分享，因此，短期债务可以减少投资不足现象的发生。Barnea 等（1980）认为及时披露信息，缩短企业债务期限，可以缓解股东与债权人之间的利益冲突，避免企业投资不足问题，有效降低企业的债务代理成本。

通过合理安排企业的债务期限可以缓解资产替代和投资不足问题。短期债务会使得企业具有较大的流动性压力，因此企业通常不会使用短期债务去投资于高风险高回报的项目（陈耿和周军，2004）。对于那些规模较小，拥有较多投资机会的成长型企业，通常存在较严重的代理冲突，容易引发资产替代效应和投资不足行为，此时可以在企业的资本结构中降低债务的比重或者是加大短期债务的比例，降低债务融资的代理成本。

（2）期限匹配理论。

期限匹配理论强调企业的资产与企业债务期限应该相互匹配，即企业的流动资产用短期债务融资，如企业的存货采用与供应商的商业信用方式获得；企业的长期资产用长期债务融资，如企业的厂房和机器设备可以用长期负债方式取得。企业资产的属性决定了为其提供资金来源的债务期限的长短，保证企业资产的存续期限与债务的期限相互匹配。Morris（1976）最早进行了债务期限匹配理论的研究，该研究系统地分析了资产的期限与债务期限相互匹配可以有效降低企业违约风险和资金浪费的问题。当企业的资产期限长于债务期限时，资产所能带来的现金流量不够偿还该债务，容易引发违约风险；相反，当企业的资产期限短于债务期限时，在资产终止使用之前所产生的现金流容易引发现金的闲置，在资产终止产生现金流后企业的债务到期容易引发企业无现金偿还债务的风险。因此，将企业的资产期限和债务期限相互匹配，可以提高资金的利用效率规避违约风险。

Myers（1977）认为企业的资产期限和债务期限的相互匹配可以减少债务契约中的限定条款，在债务契约签订前起到降低代理成本的作用。因为，当企业的有形资产或者是无形资产寿命终结时，企业都面临再投资的问题，如果企业的债务与资产期限相同，新投资有利于建立正的投资激励，可以促使企业按期偿还债务，降低了债权人的收不回本息的风险，进而降低债务资金的代理成本。Hart 和 Moore（1994）应用多期动态理论模型，发现债务期限与资产期限相匹配可以重新构建激励相容的投资约束、短期资产用于短期债务融资、长期资产用于长期债务融资的结论，进一步证明了债务期限与资产期限相匹配的观点。Finnerty 和 Emery（2001）通过理论模型预测，最后也得出企业的资产属性会决定企业的债务期限选择。

（3）信号传递假说。

信息不对称指公司内部的管理者对于企业的财务状况、经营状况、投资项目的盈利情况及投资机会等信息掌握得更加充分和准确，然而外部信息使用人对上述信息掌握的情况有限，通常只能根据企业决策所传递的信息来评估企业的价值及企业经营情况。学者们不断探究信息不对称理论和债务期限理论，研究债务期限结构选择的信号传递作用。信号理论认为，当企业的债权人与债务人之间存在信息不对称时，债务人可以通过对债务期限的选择来向债权人传递更多的信息，便于债权人制订相应的信贷决策。

Flannery（1986）研究了债务期限结构的信号传递作用。资本市场上存在着债务人与债权人之间的信息不对称问题，当债务人的信息不对称水平越高时，企业越可能采用短期债务进行融资；相反，当企业的信息不对称水平较低时，企业通常采用长期债务融资，债务期限结构的选择向市场传递企业的信息质量，进一步说明了企业的信息不对称程度与企业的债务期限呈反向关系。Goswami 等（1995）的研究也证明了企业的信息不对称会对企业的债务期限产生影响。Berger 等（2005）的研究进一步证明了 Flannery 的债务期限结构的信号效应，那些短期债务规模比较大的企业，其信息不对称风险也越大。Michael 等（1995）通过实证研究表明，信息不对称严重的企业倾向于进行大量短期债务融资。

（4）清算风险理论。

清算风险通常是指企业不能如期偿还到期债务而遭到债权人清算的风险，当企业存在较多的短期债务时，企业的流动性风险变大，通常更容易面临清算风险。Diamond（1991）应用两阶段模型研究了清算风险与债务期限的关系，研究结果表明，信用等级与企业的债务期限结构呈反向关系，越是信用等级高的企业债务期限就越短，对于信用等级不好的企业来说，它们偏好采用长期债务融资，但是由于其信用等级较低，这些企业在市场上又难以获得长期借款，它们不得不采用短期债务融资。因此，企业的信用等级与债务期限呈现出非单调递增的关系。Houston 和 Venkataraman（1994）发现企业的债务期限与清算价值之间具有一定的联系，当企业的清算价值增加时，企业偏好采用短期债务融资，而清算价值的增加会抑制长期债务的获取。Stohs 和 Mauer（1996）考察企业的资产负债率与长期债务之间的关系，通常企业的资产负债率越高，企业的债务期限越长，资产负债率与企业的债务期限呈现出正相关的关系。Gonzalez（2009）分析企业的债务期限与违约风险之间的关系，发现违约风险高的企业和违约风险低的企业主要采用短期债务融资，而违约风险居中的企业主要采用长期债务融资。

3.4 本章小结

本章主要是对相关理论进行回顾和分析，从货币政策、会计信息质量、债务融资三个方面的理论入手，首先回顾了货币政策的传导机制理论，进而分析了货币政策影响企业债务融资的作用机制；其次，结合信贷配给理论及信息不对称理论分析了会计信息质量在货币政策与债务融资之间的调节机制；最后，回顾了债务融资相关理论，包括债务契约理论、债务期限理论。

货币政策、会计信息质量与债务融资
Chapter 4

第4章 制度背景与债务市场分析

4.1 我国货币政策的实践

我国货币政策经历了从无到有的发展过程，期间货币政策工具从单一的信贷现金计划发展到以法定存款准备金率、公开市场操作、中央银行贷款、利率政策等多种工具并存的工具体系；货币政策的中介目标从以贷款规模到货币供应量再到货币供应量与利率共存；传导渠道从以单一信贷渠道逐渐发展成信贷渠道、利率渠道、外汇渠道等多渠道共存的渠道体系。货币政策的最终目标从“发展经济、稳定物价”到“稳定物价的基础上促进经济增长”；货币政策总体上经历了从直接调控向间接调控转变的发展过程。

4.1.1 货币政策工具

货币政策工具是指中央银行为了调节货币政策的中介目标而实现最终目标所运用的一系列方法和策略，具体包括一般性货币政策工具（主要包括法定准备金政策、再贴现政策和公开市场业务）和选择性货币政策工具（主要有消费者信用控制、证券市场信用控制、不动产信用控制、预缴进口保证金和优惠利率等），其中一般性货币政策工具主要是为了调节货币供应量，一般性货币政策工具会对整体宏观经济产生影响，而选择性货币政策工具主要是针对某一项特定领域进行调整。根据当前我国货币政策保经济增长和稳定币值的终极目标，采用的主要货币政策工具有法定存款准备金、公开市场业务、再贴现、存贷款基准利率。

（1）法定存款准备金。

法定存款准备金是指商业银行将吸收存款的一部分存放在中央银行里，该资金具有双重作用：一方面是保证客户存款的安全；另一方面是为了保证银行存款的流动性，当中央银行调节法定存款准备金率时，商业银行的资金规模必然受到影响，如法定存款准备金率提高时商业银行可供对外发放的贷款数量减少，相反，当降低法定存款准备金率时，商业银行的贷款数量会增加，市场中的货币量会显著上升。1998 年央行进行了存款准备金制度的变革，将法定存款准备金和备付金账户合并统称为准备金。在 21 世纪初，由于外汇的大量出现使得市场上流动性过剩，因此，自 2003 年起中央银行将存款准备金制度与公开市场业务混合使用，来共同发挥调节市场流动性的作用。2003 ~ 2008 年，央行共上调了 20 次法定存款准备金率，在 2008 年下半年央行共 4 次下调法定存款准备金率，释放市场的流动性，来缓解金融危机对我国的影响，2010 ~ 2011 年国家收支顺差增加，为了控制市场流动性，央行共进行了 12 次法定存款准备金率上调，2011 ~ 2016 年，为了应对我国经济下行压力，央行共执行了 7 次存款准备金率的下调。中央银行具有调整法定存款准备金率的权力，可以运用该工具达到货币供应量调节。在西方国家普遍认为法定存款准备金率对于货币政策的调整过于“猛烈”，然而法定存款准备金率却成为目前我国使用很广泛一种货币政策工具。当我国经济过热时，央行就开始逐步提高法定存款准备金率，降低市场的流动性，使得整体宏观经济增速放缓；而当经济比较疲软时，央行开始降低法定存款准备金率，向市场注入流动性，提升市场活力。

（2）公开市场业务。

公开市场业务是中央银行在市场上通过公开买卖证券来调节货币供应量，起到控制市场流动性的一种工具，当前在西方国家被广泛使用的货币政策工具。当中央银行在市场上公开买入证券时，会将货币注入市场增加货币供应量，加大市场的流动性，但是当中央银行在市场上公开出售证券时，市场上的货币就被央行收回，整个市面上的货币供应量就会下降，市场的流动性就会减弱。1998 年中央银行建立了公开业务的一级交易商制度，央行筛选了资产规模大、信用等级高和管理制度规范的国有商业银行、股份制银行、外资银行、证券公司、投资公司等作为公开业务市场的一级交易商。公开市场业务交易的内容主要包括债券交易和发行中央银行票据。其中，债券交易中又包括正回购和逆回购交易、现券买断和现券卖断交易，当央行要控制流动性时，会利用逆回购和现券卖断及发行央行票据，当央行要注入市场流动性时会通过正回购和现券买断及到期中央银行票据。相比于其他货币政策工具，公开市场操作具有操作灵活、调节效果温和的特点。运用公开市场业务对我国的基础货币供应量进行调节，调整市场上货币的流动性，传递中央银行的货币政策目标。

（3）再贴现。

再贴现是指商业银行持有未到期的票据向中央银行申请贴现。再贴现政策一般包括对再贴现率的规定和再贴现资格的规定。通常来说，再贴现率规定主要是为了调整市场上基础货币供应量的问题。而再贴现资格的政策规定主要是为了调节资金的具体流向。我国从 20 世纪 80 年代末就不断修改完善再贴现政策，不断调整再贴现利率的生成机制，使得再贴现利率成为一种独立的基础利率。再贴现率是商业银行进行贴现时最关注的要素，决定了商业银行外部融资成本高低的主要变量，再贴现率的高低具有很强的信号效应，可以在短期内对市场上的货币供应量起到调节的作用。当再贴现率较高时商业银行的外部融资成本增加，降低了商业银行进行外部融资的动机，从而减少了市场上货币的流通数量，相反，当再贴现率比较低时，商业银行会大量向中央银行申请再贴现，导致市面上货币供应量增加，流动性加强。通过对再贴现对象和贴现机构的扩大，不断完善再贴现的货币政策，使得再贴现政策成为支持“三农”和中小企业融资的主要工具。再贴现政策的完善可以在信贷结构调整、票据市场发展、长期资金流向等方面发挥作用。

（4）存贷款基准利率。

存贷款基准利率是央行制定的商业银行和各金融机构的存款和贷款的基准利率。在过去的很长一段时间里我国央行对存贷款利率进行管制，中央银行通过调整存贷款利率来对整个经济进行调控，存贷款利率是整个金融市场上的核心利率，在利率体系中占有关键位置，存贷款利率的变动会引起其他利率的变动。通常来说，央行会在经济过热时上调存贷款利率，因为当存贷款利率上升时，首先各商业银行进行外部筹资的成本加大，银行的流动性减弱，可供贷款的资金减少，微观企业的筹资成本加大，企业投资因成本上升而减少，居民消费减少。相反，在经济萎缩时，央行通常会下调存贷款利率，通过较低的成本来刺激企业投资和个人消费，以此来拉动经济的增长。我国利率市场化改革的总体思想是金融机构的存贷款利率由市场供求机制形成，充分发挥市场对资源配置的主导作用，削减央行的行政指令对金融市场的干预，央行对利率仅起到调控和引导的作用。从 1996 年开始启动利率市场化改革至今，经历了货币市场、债券市场、外币市场、本币市场、先贷款后存款、先长期后短期的过程，到 2004 年 10 月，央行取消了贷款利率上限规定，2005 年存款利率改革取得了一定的成果，央行取消了存款利率下限的规定，到 2013 年利率市场化改革进入了加速期，在此期间央行放开了贷款利率下限的规定，到 2015 年 10 月央行放开了金融机构对存款上限的管制规定，至此利率管制时代结束，利率市场化改革取得了关键性的成果，存贷款利率将以市场供求为基础，发挥其货币政策工具的作用。

随着经济环境的变动，我国还在不断创新货币政策工具，例如，2013 年央行创建了短期流动性调节工具，该货币政策工具主要是作为公开市场业务的补充工具，当金融市场的流动性出现临时波动时，央行应用该工具来调节短期资金的供给，稳定市场资金的流动，防范金融风险保障市场平稳运行。在 2013 年央行还创建了常备借贷便利工具，该货币政策工具是：当商业银行出现流动性紧缩时，以资产抵押的方式向央行申请贷款，该工具应用了央行对商业银行“一对一”的模式，能够有效解决商业银行大额长期的资金需求，属于商业银行的定制化融资方式。央行通过综合应用各种货币政策工具来调节货币供给量和金融市场的流动性，达到货币政策的最终目标。

4.1.2 货币政策目标

货币政策实施效果一方面受到所处的市场经济环境的影响，另一方面还会受到目标体系的设置影响。货币政策的目标主要包括中间目标和最终目标。货币政策通过货币传导渠道调整中间目标进而实现最终目标。

（1）货币政策的中间目标。

货币政策的中间目标由操作目标和中介目标组成，其中操作目标是中央银行利用货币政策工具为了实现中介目标而调控的中间变量，一般情况下，操作目标有基础货币、短期利率及存款准备金。货币政策的中介目标是为了实现最终目标而调控的中间变量，它是连接货币政策工具与最终目标的一个纽带，中介目标的设置是否合理、调控是否到位都会影响到货币政策最终目标的实现，我国目前的中介目标主要有货币供应量和利率。通常情况下，货币政策工具的实施不会直接作用到最终目标，而是先传导到中间目标再到最终目标。中间目标的存在可以避免由于货币政策工具的操作对最终目标的剧烈影响，减少宏观经济的波动，该目标在货币政策传导链条上起到了承上启下的作用，使得货币政策调控更加具有弹性，对经济的运行起到减震的效果。中间目标的选择通常遵循可测性、可控性以及相关性三个标准。

我国货币政策的操作目标也经历了时代的选择，在计划经济时代，货币政策工具直接调整货币政策的最终目标。在中央银行从社会融资职能转变为货币政策执行职能以后，央行对货币政策的调控也从直接调控转变为间接调控，在 20 世纪 80 年代中期到 90 年代中期，我国一直将调控信贷规模作为央行货币政策调控的主要指标，将调节各商业银行的信贷总规模作为实现货币政策最终目标的中间变量。在 90 年代后期，随着我国经济体制改革的不断深入，中央银行的货币政策调控方式也逐渐向市场化调控的方式转变，将调节货币供应量作为货币政策实现中介目标的主要操作目标。中央银行开始关注货币供应量，将货币分为三个层次，分别为 M0、M1 和 M2。在短期内央行关注 M1 的货币供应量，而在长期关注 M2 的货币供应量，此时将货币供应量作为货币政策的中介目标与我国经济发展相匹配。而在西方国家在 90 年代放弃了将货币的供应量作为中介目标，而是将利率作为了货币政策的中介目标。在 21 世纪我国政府提出了货币政策调控工具由数量型向价格型转变的要求，随着我国利率市场化改革的不断推进，学者们纷纷提出利率作为中介目标比货币供应量作为中介目标更加符合利率市场化的特征，目前我国利率市场化改革取得了较大的进展（胡秋灵，2015）。

从发展国家的经验来看，在金融市场快速发展的今天，金融工具不断创新，以货币供应量、信贷规模等为代表的数量型指标将逐渐被放弃或者弱化，以利率或者汇率为主的价格型指标将成为货币政策工具调控的主要中间目标，我国利率市场化改革的不断完善，为利率成为货币政策的中介目标提供了坚实的基础。

（2）货币政策的最终目标。

货币政策的最终目标是指中央银行制定、执行的货币政策所要达到的最终宏观调控目标。货币政策的最终目标通常有稳定物价、经济增长、稳定币值、充分就业、国际收支平衡。每个国家具体如何制订货币政策的最终目标取决于当时经济发展的需要，以及社会要解决的主要矛盾。

关于货币政策最终目标是选择多目标还是单一目标，理论和实务都有不同的见解，在 20 世纪 90 年代，西方国家认为宏观经济增长、充分就业、币值稳定和国际收支平衡在短期内会出现矛盾，如果采用宽松的货币政策来刺激经济增长，那么市场上的货币供应量将增加，不利于币值的稳定，同时通货膨胀发生的风险增大，因此利用货币政策达到多个目标是很困难的，西方很多国家开始放弃多目标的货币政策体系，将稳定货币价值作为货币政策的最终目标。与西方国家相比，我国正处在经济转型发展的重要时期，不仅具有促进经济增长、稳定就业的压力，还具有经济结构调整、深化企业改革的重任，而且制度背景、货币市场化程度、货币传导渠道与西方国家存在较大的差异，因此仅仅把稳定币值作为货币政策的最终目标是不合理的。周小川（2013）指出我国应采取多层次多重化的货币政策目标，首先，货币政策能够抑制通货膨胀；其次，货币政策能够拉动经济增长；再其次，通过执行货币政策保障社会充分就业，降低失业率；最后，通过调节货币政策达到国际收支平衡。我国《中国人民银行法》以法律的形式将“稳定币值，促进经济增长”作为货币政策的最终目标，该规定将币值稳定作为货币政策实施的首要任务，在币值稳定的基础上来推动经济增长。在具体实践中，我国曾经出现过以发行大量的货币来加大基础建设投资，推动短期经济增长，该种货币政策造成币值贬值，诱发通货膨胀，因此，在吸收既往经验的基础上，当前我国主要是采用在币值稳定的情况下拉动经济增长的货币政策。

4.1.3 货币政策的发展历程

（1）货币政策严重压制时期（1984 年以前）。

在改革开放以前，我国实行的是计划经济，在当时企业要生产什么以及具体生产多少都是由国家统一计划安排，全社会的资源配置是通过国家的行政指令来完成的。由于不存在商业银行和金融市场，中国人民银行承揽了全部的金融业务，中央银行不仅是货币政策的执行者也是信贷资金的提供者，中央银行直接给企业提供信贷资金，实行的是“统存统贷、统收统支”的银行体制。当时的货币政策也仅仅是管理宏观经济的一个手段，全社会到底需要多少货币量，贷款利率是多少都不是由货币政策来决定的，而是由计划指令来操控。货币政策的工具仅是信贷现金计划，通过信贷现金计划的操作达到发展经济和稳定物价的最终目标，当时的货币政策传导渠道非常简单，主要是“人民银行——人民银行的分支机构——企业”。

（2）直接调控时期（1984～1992 年）。

改革开放以后我国的经济体制逐步发生了改变，企业作为市场的主体，自主决策的能力和资源配置的能力都有所增强。金融市场也逐渐发展，1984 年开始实行中国人民银行专注于中央银行的职能，这标志着我国开始了真正意义上的货币政策，货币政策开始了由行政计划指令调控向市场调控的发展阶段。随后央行开始“统一计划、划分资金、实贷实存、相互融通”的信贷计划取代了“统存统贷”方式。在此期间央行还引入调控商业银行信贷资金规模的法定存款准备金制度，运用央行的再贷款等货币手段来调节货币的投放量，信贷渠道是当时最主要的货币政策传导渠道，货币政策的有效性主要取决于信贷资金的可得性。该阶段由于央行宏观调控手段和经验不足，处在货币政策调控的摸索期，在 20 世纪 80 年代后期，央行向社会上大量投放资金，金融市场上货币供应量过度，经济快速上涨，最终导致物价快速上涨，通货膨胀越来越严重，央行在经济增长和稳定物价之间抉择，最终为了防止通货膨胀吞噬经济成果，央行不得不将稳定物价作为其首要的货币政策目标。

在直接调控时期，金融市场上逐步形成以中央银行为核心、四大国有银行为主体、非金融机构并存的金融体系。货币政策的工具从单一的信贷现金计划发展成以中央银行再贷款和信贷现金计划为主，利率政策、公开市场操作为辅的状况。贷款规模是货币政策的中介目标，货币政策的最终目标不仅包括经济发展，而且将稳定货币也包括进来。在该时期货币政策的传导机制不再是央行到企业的二元结构，而是发展成为：“中央银行——专业银行——企业（居民）”。建立了由“政策工具——操作目标——中介目标——最终目标”的传导机制。该传导机制主要依靠信贷渠道发挥作用，因为在当时利率是央行统一规定的官方利率，国有企业和个体经济对利率并不敏感，所以利率渠道很难发挥货币政策的资源配置效果，同时央行对外汇实行严格管理，外汇渠道也几乎不存在。

（3）直接调控向间接调控转变阶段（1992～1997年）。

自1992年邓小平同志“南方谈话”开始，我国社会经济体制发生重大变革，把建设社会主义市场经济作为经济体制改革的目标，原来单一的公有制经济逐渐发展成为以国有企业为主，乡镇企业和个体经济等多种所有制并存的经济结构。这一时期是我国宏观经济政策从直接调控向间接调控的过渡时期。中央银行在本阶段也确立了间接调控的目标，央行采取了很多新的措施，丰富了货币政策的工具，也为货币政策的传导提供了新的传导渠道，央行推出了一系列的货币手段，包括公开市场操作、多次调整法定存款准备金率、再贴现手段等。例如，央行使用了公开市场操作工具，为央行调整信贷规模、稳定金融市场的发展提供了新的货币政策工具，我国货币政策传导的渠道得到了极大的丰富和完善。

由于市场经济体制的改革，微观主体的市场活力被充分调动起来，个体经济和乡镇企业迅速发展，形成了个体经济与国有企业争夺银行信贷资源的现象，改变了原有银行主要向国有企业放贷的局面，个体经济对于市场利率就比较敏感，促进了利率传导渠道的发展。银行体系发生较大变化，四大国有银行分别建成，商业银行金融体制也在迅速改变，并成立了国家开发银行、农业发展银行和进出口银行三大政策性银行，三大政策性银行促进了国有独资银行剥离政策性任务，而且也在一定程度上拓宽了货币政策在基础建设、农业地区和进出口行业的传导渠道。在这一阶段随着外汇市场的经常项目的自由兑换和对外汇市场的公开业务操作，使得外汇成为基础货币中的一部分，外汇市场的发展促进了进出口企业的快速发展，也促进我国外资企业投资的加大，因此，外汇传导渠道已经初步形成，货币政策通过外汇渠道作用于实体经济的效果逐渐显现出来。公开市场业务的操作除了在外汇市场进行广泛使用以外，在国债市场也开始应用。这一时期的货币政策工具包括法定存款准备金率、再贴现和公开市场操作，但由于当时正处在社会主义市场经济建设的初期，经济发展水平和金融市场、货币市场发展得还不够完善，公开市场操作在当时还只能算作辅助的货币政策工具。

总之，1992～1997 年，中央银行在对经济调控过程中，采用了更为灵活的货币政策工具，除了利用准备金率、再贷款等工具外还大力推进再贴现业务，更广泛地使用公开业务操作。央行将货币政策的中介目标由单一的信贷规模发展成为信贷规模和货币供应量（基础货币供应量 M0，狭义货币供应量 M1、广义货币供应量 M2）并存。货币政策的传导渠道仍然以信贷传导渠道为主，但是随着央行更多地采用利率政策，私有企业的快速发展，促使利率传导渠道效果不断增强，外汇的传导渠道也初见成效。货币政策的传导渠道从单一的信贷渠道逐步发展成以信贷渠道为主，利率渠道和外汇渠道多渠道初步发展的阶段。货币政策最终目标确定为在保证货币稳定的同时促进经济增长。

（4）间接调控（1998 年至今）。

央行在此期间不断丰富市场化调控手段，自 1998 年央行对商业银行信贷规模限制的取消，标志着我国结束了一直以来对贷款规模的直接控制，央行开始通过调节货币供应量来影响商业银行的信贷行为，开始了货币政策的间接调控时期。

1998～2002 年，随着我国市场经济体制改革的不断深化，个体经济在国民经济中所占比重越来越大，国有企业改革急需进行，微观主体经济的发展急需资金支持，然而商业银行由于对前期经济的不乐观预期及其对风险的厌恶，导致在间接调控初期出现了商业银行“惜贷”的现象，央行为了扭转这种局势，不断调整货币政策工具如降低存款准备金率等方式，努力创造宽松的货币政策环境，鼓励商业银行发放贷款支持微观企业的经济发展，但是央行的种种措施并没有改变商业银行的不良资产率，导致该时期的银行信贷传导渠道受阻。政府意识到我国企业融资过分依赖于商业银行的弊端，当商业银行控制贷款规模时，企业的融资严重受阻，因此大力发展资本市场，鼓励企业上市，拓宽企业直接融资的渠道，加大资本市场管理的力度，规范了上市公司的财务管理制度，使得货币政策通过股票价格得以传导到实体经济中。2003 年以后由于出口额增长和外汇储备的增加导致货币的多发，外汇成为货币发行量的另一个主要渠道，央行不断推进人民币汇率市场化的改革，在此后的期间汇率渠道成为货币政策的一个主要传导渠道。2008 年以后受次贷危机的影响，为了控制我国经济增长下滑的趋势开始执行“四万亿”计划，充足的货币资金环境加上地方政府的土地财政，导致房地产价格快速上涨，使得房地产成为投资产品，由于房地产业的快速发展带动了钢铁、煤炭等行业的发展，因此在此期间房地产成为货币政策的主要传导渠道。在金融业发展“十二五”规划中提出推进我国的货币政策从数量型调控向价格型调控转变，市场的资源配置主要依赖于价格机制达到平衡，货币供应量等数量型调控手段逐渐成为辅助工具，通过公开市场操作等政策工具来调节央行的基准利率，基准利率的变动将作用于金融机构的市场利率、资本市场的资产价格、人民币汇率等，金融机构的市场利率、资本市场的资产价格、人民币汇率的变动通过相应的利率渠道、资产价格渠道、汇率渠道作用于实体经济，最终实现货币政策调节经济发展的目标。2015 年央行彻底放开了金融机构的存贷款利率管制，金融机构可以根据实际情况自行确定存贷款利率，这标志着我国利率市场化改革取得了实质性的进展，利率传导渠道在货币政策的传导中将发挥更大的作用。

这一时期，形成了以法定存款准备金率、公开市场操作、再贴现、利率政策为主，其他货币政策工具如证券市场信用控制、指导性信贷计划、SLF 短期和 MLF 中期流动性调整工具为辅的多种货币政策工具体系。货币政策的中介目标主要是货币供应量，同时辅以利率、汇率等。货币传导渠道仍然以信贷渠道为主，利率渠道为辅，外汇渠道、资产价格渠道等的传导作用都在不断增强。货币政策的最终目标是稳定货币、促进经济增长，另外保持就业率也成为近期的最终目标。

4.2　产权制度背景分析

制度是保证生产交换和分配的一种政治和法律基础规则，规定了经济交易行为和市场交易成本。一个国家的制度影响着企业个体行为，一个企业的交易成本、融资方式、投资行为都会受到所处环境的影响，制度是国家经济增长的主要影响因素之一（North，1990）。西方国家对于企业财务决策理论模型的研究基本上都是遵循制度的硬预算假设前提，宏观经济政策对于实体经济的影响研究也是基于同一制度背景下展开。而我国当前正处在转型经济发展时期，预算软约束普遍存在。预算软约束主要是指当国有企业面临财务危机时，政府一方面会通过税收优惠、提供财务补贴、追加投资等直接方式帮助企业度过难关；另一方面，政府会通过其控制的银行为企业提供更多的商业贷款解决企业财务困境，因为有政府的帮助使得国有企业的破产威胁减弱，融资约束下降。预算软约束存在会造成严重的经济后果，如会扭曲企业的融资约束，会增加企业管理者的道德风险，加大企业与银行之间的信息不对称程度，使得银行会产生更多的坏账，企业的债务契约作用无法发挥作用，货币政策的传导机制无效率。

4.2.1　预算软约束对企业的影响

既有研究表明，我国国有企业效率低下的主要原因是存在预算软约束（林毅夫等，2005），虽然我国的市场经济体制改革已经有30多年的历史，市场化进程取得了较大的发展，国有企业的改革也有实质性的进展，但是国有企业和非国有企业在市场经济中的待遇还是有很大的不同，这里最主要的原因就是预算软约束。从历史的发展来看，国有企业为我国重工业的发展、社会的进步都做出了巨大的贡献，国有企业通常背负着国家战略性政策任务（如投资于资本密集型产业或投资于国防民生等不具有比较优势的产业等）和社会性任务（如企业的员工的退休养老和医疗保障等社会职能），由于国有企业在执行上述任务时可能会出现企业的成本高于产品市场售价、面临企业所需资源匮乏等问题，政府为其提供财政补贴、税收减免优惠等预算软约束。由于国有企业承担的政策负担较大，当其出现经营困难、出现财务危机时，政府有动机为其提供帮助，降低其运营的难度，因此，企业的政策性负担是国有企业享受预算软约束的一个原因。此外，地方政府为了当地的经济增长，提高地区的GDP指标，维护自身的政绩形象而为国有企业提供帮助，使得预算软约束的存在。国有企业也与其他企业一样存在着委托代理问题，而预算软约束会强化国有企业的代理问题，主要表现在以下几个方面。

首先，预算软约束使得国有企业代理成本增加，我国上市公司中有很大一部分企业是由国有企业经过股份制改造而成的，其治理结构和监督机制都发生了很大的变动，但是政府为了能够继续在国有企业中发挥其影响作用，以政府为实际控制人的国有控股企业仍然存在，而该国有控股企业还继续承担着社会性负担和政策性负担，而当国有企业发生亏损时，企业管理人员会将此亏损归咎于企业所承担的政策性负担，企业的管理者相对于外部投资人来说具有信息优势，政府等外部投资人由于缺少企业具体的信息而无法分辨是否是政策性负担所带来的损失，因此政府不得不为企业提供财务支持，导致国有企业的代理成本增加。“所有者缺位”是国有控股企业中的一个典型问题，政府作为企业的实际控制人往往很难实际地监督和控制企业日常经营管理，企业的管理者成为企业实际控制人，管理者和投资人的目标不一致，管理者为了追求自身利益最大化，可能会做出与企业目标不一致的活动，增加了投资人的道德风险。陈冬华和陈信元（2005）研究指出国有企业由于最终控制的实质缺位，预算软约束的存在使得国有企业的管理人员在职消费偏高，对管理人员的实际激励不够，导致国有企业的代理成本增加。国有企业内部治理机制的不完善也使得企业的代理成本增加，而且预算软约束强化了这一特征。

其次，预算软约束导致激励机制失效，当国有企业出现亏损或出现财务困难时，企业的管理者会向政府寻求帮助，政府对于企业的预算软约束会使得管理者缺少危机意识，缺少创造利润最大化的动力。由于管理者知道当企业缺少资金时，政府会帮助其筹集，致使部分管理者对于资金利用效率的漠视。预算软约束的存在使得企业对于管理者激励机制很难发挥作用，一旦企业发生亏损，管理者们通常不用承担或者承担较少的责任，政府会直接帮助或者通过政府控制的商业银行给予企业帮助。林毅夫（2007）认为国有企业激励机制和监督机制的缺失导致了国有企业资金利用效率和企业管理效率低下。

4.2.2　产权差异与债务融资

在企业债务融资的影响因素研究中，企业的产权性质是一个不可忽视的重要因素。企业的产权性质存在着国有企业和非国有企业之分，企业产权性质的不同使得企业在融资行为、投资效率等方面存在重大差异。

我国资本市场还不够发达，很多企业难以从资本市场获得充足资金，银行借款成为很多企业的主要融资方式，而当前我国金融体系还不够完善，没有完全市场化运行，很多银行还是由政府控制，因此政府能够影响金融资源的配置。既有研究表明，我国私有企业对于全部经济的贡献达到了70%以上，而获得银行的金融资源却不到20%，而国有企业获得的金融资源占全部银行资源的80%以上，主要原因是我国金融机构受到政府的干预，政府通过银行为国有企业提供帮助。Allen等（2005）研究发现政府会将其控制的金融资源配置到国有企业中。当银行为政府所控制时，政府会通过授权银行让其发放贷款给国有企业，对其进行补贴（La Porta et al.，2000）。Sapienze（2004）通过研究发现，国有商业银行在对外贷款时对于企业的信用等级、财务状况关注程度较差，其信贷决策经常会受到政府的干预，而民营银行在制订信贷决策时重点要考察企业的还款能力、盈利能力、发展能力，将银行的利润最大化作为信贷决策的标准。由于国有银行和民营银行在信贷行为上的不同导致了国有企业比民营企业更容易取得贷款。Cull和Xu（2005）研究发现，与政府关系密切的企业获得银行贷款的可能性更大。一些私有企业即使是获得了银行贷款，相对国有企业也要付出更大的代价，中国的银行资源大部分配置到效率相对低下的国有企业，而获利能力和发展能力较好的私有企业却很难获得银行贷款（Brandt and Li，2003）。

产权性质不同债务契约也存在差异。《中共中央关于全面深化改革若干重大问题的决定》中明确提出，国有企业和非国有企业都是社会主义经济的重要组成部分，是社会发展的核心基础，但是在现实生活中，国有企业和非国有企业却处于不平等地位，尤其在信贷契约的制定上，非国有企业往往会受到信贷歧视。由于国有企业承担的政策性负担，政府会为其提供隐性担保和预算软约束，导致国有企业不仅更容易获得银行贷款而且利率相对也不高。即使当国有企业发生债务违约时，银行可以通过向国有企业的主管部门申请获得补偿，因为有政府的担保，使得国有企业的融资代价比较低。巴曙松等（2005）研究指出，地方政府出于提高当地经济产值解决人员就业的目的，有强烈的动机去对国有银行进行干预，左右银行的信贷决策，让国有企业获得更多的信贷资源，由于国有企业对信贷资源的挤占，导致民营企业获得信贷资源的总量下降，即使民营企业获得了一定的银行贷款也要接受银行更加苛刻的条件，通常要付出更高的利息。银行对于民营企业的信贷歧视经常会导致民营企业的融资成本偏高（余明桂和潘红波，2010）。代理理论认为债务的期限结构会影响到代理成本，相对于长期债务来说，短期债务可以抑制投资不足、投资过度，防止资产替代等问题（Myers，1977；Jensen，1986），各大银行为了控制代理成本的产生都会控制长期贷款，更倾向于发放短期贷款。当信息不对称程度较高，银行对于企业的监督和控制比较困难时，银行更愿意发放短期贷款，企业获得长期贷款的难度就越大（Diamond，1991；Rajan，1992）。在我国金融体系还不够发达的情况下，很多企业存在着信息不透明、治理不规范的问题，债权人为了规避高的代理成本，在债务契约的签订中主要会通过缩短债务期限结构来控制借款企业的经济行为，但是在产权制度存在差异的企业中，银行的贷款期限也会有不同。银行等金融机构在面临非国有企业的长期贷款时，对非国有企业的还贷能力、盈利能力、信用等级会进行严格考察，往往会放大其信息不对称、破产风险等问题，使得非国有企业的贷款期限缩短。方军雄（2010）研究指出，相对于非国有企业，国有企业的债务融资约束较小，国有企业可以从银行获得期限更长的贷款，进而促进企业的投资。具有国有背景的企业相对于非国有企业来说更容易获得长期贷款（孙铮等，2005）。相对于非国有企业，国有企业可以获得更多较长期间的贷款（江伟和李斌，2006）。

4.2.3　产权差异与货币政策传导效果

微观企业的行为是宏观货币政策目标实现的渠道，宏观货币政策的波动是企业所处的大经济背景。货币政策对于实体经济的影响是通过具体的渠道发挥作用，既有研究主要有信贷渠道和货币渠道（Stiglitz and Weiss，1981；Bernanke and Blinder，1988）。货币政策对于企业发挥作用的大小还受到企业财务异质性的影响，如规模大和规模小的企业，存货数量多少的企业在面临货币政策调整时会有系统性的差异。Leary（2009）研究发现，随着银行贷款供给的减少，相对于大企业或者是对银行依赖较小的企业，那些小企业和依赖银行借款的企业其贷款数量会显著下降。微观企业对于宏观经济政策的反应也会因制度不同而产生差异，我国特殊的经济时期，政府会通过行政干预或是其他方式对于银行进行控制，妨碍货币政策对于商业银行贷款数量的调控机制。在货币政策波动时金融机构出现明显的信贷歧视。饶品贵和姜国华（2013）研究发现，在紧缩的货币政策期间，金融机构对于非国有企业的信贷歧视更严重，即使非国有企业相对于国有企业来说具有更强的发展能力和业绩增长能力，但民营企业的银行贷款数量显著下降，在紧缩的货币政策期间金融机构的信贷资源配置更加没有效率。在宏观货币政策紧缩期间，非国有企业受到的冲击明显高于国有企业，贷款的数量下降和贷款期限缩短，非国有企业通常会转向商业信用融资。货币政策紧缩时期信贷资源更多地配置到国有企业（叶康涛和祝继高，2009）。信贷资源的配置还会导致非国有企业面临更加严峻的融资约束，国有企业的破产风险降低，弱化国有企业的风险管理意识，货币政策对于微观企业的作用效果受到产权性质的干扰。

产权制度的差异会使得企业的融资行为表现不同，该种差异的主要原因是存在着预算软约束和政府的干预，使得金融机构产生信贷歧视，产权制度会使得金融资源配置失效，企业的价值降低，债务治理功能下降，货币政策的传导效果减弱。

4.3 债务市场分析

债务融资是企业主要的融资方式之一，为了对我国上市公司债务融资有一个现实了解，将从债务融资规模、债务融资方式和债务期限结构三个角度来分析我国上市公司债务融资的基本特征。

4.3.1　债务融资规模分析

在表 4－1 中，分别列示了全样本公司的债务规模，国有企业样本的债务规模和非国有企业样本的债务规模。从表 4－1 中可以看出，我国上市公司的全部资产中有超过一半是通过债务方式获得，历年的平均值为 58.34%，2007 年资产负债率最小为 54.09%，到 2013 年上市公司平均资产负债率最高达到了 60.53%，从 2007 年开始，我国上市公司的资产负债率呈整体上升趋势。在国有企业中资产负债率高于全部样本公司的资产负债率，说明国有企业更倾向于债务资本，不同产权样本比较可以发现，国有企业的资产负债率的平均值为 59.47%，最高超过了 62%，非国有企业的资产负债率平均值为 53.37%，最高为 57.15%，非国有企业比国有企业的最高点要低 5 个百分点，相对于国有企业，非国有企业要更多地依赖于内部融资和外部股权融资。

表 4－1　上市公司（国有企业和非国有企业）债务规模特征　单位：%

	2007 年	2008 年	2009 年	2010 年	2011 年	2012 年	2013 年	2014 年	2015 年	历年平均
资产负债率	54.09	56.15	57.82	57.93	58.88	59.78	60.53	60.45	59.44	58.34
资产负债率（国有企业）	53.65	56.23	58.30	59.24	60.71	61.59	62.10	62.12	61.26	59.47
资产负债率（非国有企业）	57.15	55.84	54.49	50.62	50.08	51.55	53.72	53.77	53.12	53.37

注：资产负债率等于各年债务的加总值除以各年总资产的加总值。

表 4－2 中列示我国各个行业（剔除了金融行业）资产负债率的特征，行业分类采用中国证监会发布《上市公司行业分类指引（2012 年

修订)》。从表4－2中可以看出行业的资产负债率差异比较大，资产负债率最高的行业建筑业（E），历年平均的资产负债率达到了79.06%，将近一半年限的资产负债率超过了80%，说明建筑行业主要是依赖外部借款经营，与我国近年来大量投资于基础设施的实际情况相符。资产负债率仅次于建筑行业的是房地产行业（K）行业，其平均的资产负债率为69.38%。资产负债率最低的行业是卫生和社会工作（Q），其历年资产负债率平均为32.87%，但是我国的卫生和社会工作类型的企业目前规模都比较小，能够达到上市标准的企业还很少，在全部样本中所占比重非常低。资产负债率整体低于50%的行业有农、林、牧、渔业（A），采矿业（B），住宿和餐饮业（H），信息传输、软件和信息技术服务业（I），科学研究和技术服务业（M），文化、体育和娱乐业（R）和卫生和社会工作（Q）。

表4－2　　　　上市公司各行业债务规模特征　　　　单位：%

行业	2007年	2008年	2009年	2010年	2011年	2012年	2013年	2014年	2015年	平均
A	47.21	44.81	46.57	45.80	41.93	42.95	47.22	43.96	40.89	44.59
B	39.44	38.79	43.69	43.97	46.62	48.20	48.88	49.75	48.05	45.27
C	55.32	56.85	56.86	54.96	54.86	55.00	55.62	55.38	54.09	55.44
D	60.09	68.76	70.42	70.02	71.49	69.98	68.10	66.43	63.93	67.69
E	77.94	80.15	76.51	78.31	79.26	80.26	80.75	80.02	78.38	79.06
F	64.95	64.42	65.76	65.98	65.26	65.74	66.88	65.78	65.40	65.57
G	50.98	55.48	56.06	55.14	56.23	56.39	57.59	56.77	54.94	55.51
H	35.71	36.32	33.69	36.17	38.65	43.54	49.92	46.20	61.60	42.42
I	40.45	41.23	48.09	48.83	48.78	51.69	50.93	49.79	50.27	47.79
K	61.06	61.99	64.15	68.90	70.78	72.94	74.51	74.96	75.17	69.38
L	61.63	54.65	53.98	55.83	58.38	56.31	59.89	62.48	61.84	58.33
M	54.42	51.55	49.87	43.42	45.56	48.64	48.27	48.29	48.37	48.71
N	58.87	57.75	62.94	62.52	59.63	58.00	56.82	54.77	53.25	58.28

续表

行业	2007 年	2008 年	2009 年	2010 年	2011 年	2012 年	2013 年	2014 年	2015 年	平均
P	48.10	51.15	50.17	48.01	50.76	51.96	53.30	49.31	50.09	50.32
Q	38.29	38.52	22.92	21.94	29.73	28.91	38.02	37.07	40.39	32.87
R	55.04	50.18	45.23	34.47	35.42	36.89	36.72	35.73	33.05	40.30
S	64.84	63.05	62.03	58.81	58.81	56.37	58.78	54.32	53.19	58.91

注：证监会于 2012 年发布《上市公司行业分类指引（2012 年修订）》，按照该《指引》行业分类如下：农、林、牧、渔业（A）；采矿业（B）；制造业（C）；电力、热力、燃气及水生产和供应业（D）；建筑业（E）；批发和零售业（F）；交通运输、仓储和邮政业（G）；住宿和餐饮业（H）；信息传输、软件和信息技术服务业（I）；房地产业（K）；租赁和商务服务业（L）；科学研究和技术服务业（M）；水利、环境和公共设施管理业（N）；教育（P）；卫生和社会工作（Q）；文化、体育和娱乐业（R）；综合（S）。

4.3.2　债务融资方式分析

向金融机构借款，与供应商之间形成的商业信用、在公开市场发行债券及日常经营和其他活动产生的债务是债务融资的主要方式。因此，表 4 – 3 中分别分析了银行存款、商业信用及公司债券分别占总债务的比例。

表 4 – 3　上市公司（国有企业和非国有企业）债务融资方式特征

单位：%

（全样本）	2007 年	2008 年	2009 年	2010 年	2011 年	2012 年	2013 年	2014 年	2015 年	历年平均
银行借款	37.95	39.70	36.82	35.60	34.96	34.61	34.63	33.84	32.13	35.58
商业信用	34.70	34.10	35.88	36.41	35.55	35.69	35.56	35.15	35.02	35.34
公司债券	2.32	3.26	5.38	5.85	6.01	7.04	6.71	6.45	7.18	5.58

续表

（国有企业）	2007 年	2008 年	2009 年	2010 年	2011 年	2012 年	2013 年	2014 年	2015 年	历年平均
银行借款	37.44	39.50	36.64	35.27	34.75	34.66	34.48	33.92	32.16	35.42
商业信用	34.00	33.42	35.10	35.67	34.78	34.78	34.76	34.37	34.53	34.60
公司债券	2.64	3.64	5.93	6.46	6.53	7.42	7.08	6.80	7.32	5.98
（非国有企业）	2007 年	2008 年	2009 年	2010 年	2011 年	2012 年	2013 年	2014 年	2015 年	历年平均
银行借款	41.26	41.10	38.15	37.80	36.14	34.24	35.38	33.45	32.01	36.61
商业信用	39.18	38.82	41.29	41.33	40.04	40.65	39.64	38.75	36.99	39.63
公司债券	0.26	0.62	1.60	1.85	2.94	4.93	4.80	4.77	6.60	3.15

注：表中结构比例均为对应的项目各年加总值除以总债务的各年加总值。

在全部样本中可以看出，银行借款是企业的主要债务融资方式，历年平均占到总债务的35.58%，但是从时间序列上会发现银行借款占比呈逐年下降的趋势，从2007年和2008年的将近40%的比例，到2015年银行借款的比例已经下降到32%。但是通过上述企业资产负债率可以发现企业近年来的总债务比是上升的，总债务比的上升不是因为银行贷款。从表4－3中可以看出商业信用在总债务中的占比比较稳定，基本保持在平均35%的水平上，各年上下浮动的比例不大，银行贷款和商业信用构成我国债务的70%的份额。表4－3显示，公司债券的占比呈明显的上升趋势，从2007年的2.32%上升到2015年的7.18%，公司债券的平均占比达到了5.58%，该债务的上升对于总体债务的上升有一定的推动作用。虽然公司债券占总债务比呈上升趋势，但是所占的比重仍然较小，相对于西方成熟资本市场来说我国的公司债券还有很大的发展空间。

在国有企业样本中可以看出，银行借款占总债务比与商业信用占总债务比基本持平，银行借款占比呈逐年下降的趋势，商业信用在总债务中的占比变化幅度不大。然而在非国有企业样本中，可以发现在 2007 年和 2008 年时银行借款在总债务中的比例是超过商业信用在总债务中的比例，但这种情况到了 2009 年发生了明显的改变，商业信用在总债务中的比例最大，商业信用融资成为非国有企业债务融资中的主要融资方式。在非国有企业中商业信用融资最高比例达到了 41.33%，历年平均的比例也接近 40%。

在国有企业中公司债券在总债务中的比例呈明显的上升趋势，从 2007 年的 2.64% 上升到 2015 年的 7.32%，增长幅度较大，历年来的平均占比达到了 5.98%。在非国有企业样本中公司债券在总债务中的占比与国有企业样本一样也是呈明显的上升趋势，但是在国有企业中公司债券占总债务的比例最小是 2007 年的 2.64%，而在非国有企业中公司债券在总债务中的占比最小仅仅为 0.26%，是国有企业样本的 1/10，该结果说明我国非国有企业在资本市场上发行公司债的数量还远小于国有企业。

表 4 –4 列示了银行贷款中短期贷款和长期贷款分别占总银行贷款的比例，从全样本中可以看出，2007 年和 2008 年企业的短期银行借款占到银行借款的 53%，但这种现象到 2009 年开始发生改变，2009 年以后短期借款的占比开始变小，长期借款在总银行借款中占比开始增加。从历年的平均来看，短期的银行借款和长期的银行借款基本持平，保持在各占一半的水平上。在国有企业样本中长期借款在银行借款中的比例要略高于短期借款在银行借款中的比例，国有企业的长期借款能力比较强，历年平均的长期借款比例达到了 54.52%。在非国有企业中短期借款的占比明显要高于长期借款的占比，在 2007 年和 2008 年非国有企业的短期借款占比都已经超过了 70%，历

年的平均是68.47%，非国有企业的长期借款占银行贷款的比例一直维持在30%左右，明显低于了国有企业的长期借款比例，说明了我国金融机构在发放长期借款时对于非国有企业和国有企业是存在较大差异的。

表4-4　　上市公司（国有企业和非国有企业）银行贷款结构特征

单位：%

（全样本）	2007年	2008年	2009年	2010年	2011年	2012年	2013年	2014年	2015年	历年平均
短期借款	53.02	53.57	46.63	46.88	49.29	49.78	49.13	47.17	45.77	49.03
长期借款	46.97	46.43	53.37	53.12	50.71	50.24	50.85	52.83	54.23	50.97
（国有企业）	2007年	2008年	2009年	2010年	2011年	2012年	2013年	2014年	2015年	历年平均
短期借款	49.11	50.52	43.65	43.58	45.73	46.54	45.80	43.34	41.02	45.48
长期借款	50.88	49.48	56.35	56.42	54.27	53.44	54.20	56.66	58.98	54.52
（非国有企业）	2007年	2008年	2009年	2010年	2011年	2012年	2013年	2014年	2015年	历年平均
短期借款	76.06	73.79	66.44	66.96	69.39	67.74	65.64	65.31	64.90	68.47
长期借款	23.92	26.21	33.56	33.04	30.61	32.26	34.38	34.72	35.08	31.53

注：表中结构比例均为对应的项目各年加总值除以银行借款的各年加总值。

表4-5中列示了商业信用中的应付票据、应付账款和预收账款分别占总商业信用的比例，在全样本中可以看出企业主要使用应付账款来进行商业结算，应付账款在全部商业信用中的占比超过了50%，应付账款相当于应付票据来说成本要小，所以企业在日常经营活动中

主要依赖于应付账款进行款项的结算。应付票据平均能占到商业信用的 13.52%，使用率并不高。预收账款占总商业信用的比例在 30% 左右，说明我国存在一定的卖方市场。在国有企业样本中应付账款占商业信用比例平均达到了 58.12%，明显高于非国有企业中应付账款占总商业信用的比例，非国有企业中应付账款占总商业信用的平均比例为 45.81%，相比于非国有企业，国有企业更容易获得供应商的认可，能够更多地获得低成本的商业信用。在非国有企业样本中可以看到，应付票据占总商业信用的比例平均高达 23.97%，明显要比国有企业中的 11.43% 的应付票据占比高很多，说明了供应商在对外赊销时，对国有企业和非国有企业提供的借款是有差异的，由于国有企业通常规模较大，偿债能力较强，供应商得不到偿还的风险相当较小，因此，对于国有企业可以提供相对低成本的借款，而对于非国有企业就要提供高成本的票据借款。

表 4-5　上市公司（国有企业和非国有企业）商业信用结构特征

单位：%

（全样本）	2007 年	2008 年	2009 年	2010 年	2011 年	2012 年	2013 年	2014 年	2015 年	历年平均
应付票据	13.24	14.07	14.17	13.04	12.76	12.67	12.85	14.14	14.77	13.52
应付账款	56.08	53.93	53.83	55.73	56.87	56.76	57.05	57.42	56.50	56.02
预收账款	30.68	32.00	32.01	31.23	30.37	30.55	30.11	28.45	28.72	30.46
（国有企业）	2007 年	2008 年	2009 年	2010 年	2011 年	2012 年	2013 年	2014 年	2015 年	历年平均
应付票据	11.39	11.91	12.34	10.89	10.68	10.64	10.79	11.85	12.37	11.43
应付账款	57.52	55.16	55.40	57.62	59.10	59.42	59.61	59.93	59.35	58.12

续表

（国有企业）	2007 年	2008 年	2009 年	2010 年	2011 年	2012 年	2013 年	2014 年	2015 年	历年平均
预收账款	31.09	32.92	32.26	31.48	30.22	29.94	29.61	28.22	28.27	30.44
（非国有企业）	2007 年	2008 年	2009 年	2010 年	2011 年	2012 年	2013 年	2014 年	2015 年	历年平均
应付票据	23.67	26.91	24.95	25.17	23.38	22.28	22.02	23.56	23.77	23.97
应付账款	47.88	46.55	44.50	44.95	45.59	44.29	45.65	47.01	45.83	45.81
预收账款	28.43	26.55	30.56	29.86	31.03	33.42	32.32	29.41	30.39	30.22

注：表中结构比例均为对应的项目各年加总值除以商业信用各年加总值。

4.3.3 债务期限结构分析

企业的全部债务按其偿还的时间的长短可以分为短期的流动性负债和长期的非流动性负债，表 4－6 中列示了短期负债和长期负债分别占企业全部债务的比例。从全样本公司可以看出，我国企业主要是依赖于短期债务进行债务融资，2007～2014 年短期债务占全部债务的比例都达到了 70% 以上，长期债务在总债务中的比例平均低于 30%。但是从时间序列上可以看出，短期债务占总债务的比例呈下降的趋势，长期债务呈逐年上升的趋势。从产权的视角看，国有企业短期债务占全部债务的比例多低于 70%，长期债务占总债务的比例平均在 30% 左右，而非国有企业的短期债务占总债务的比例却平均高达 80% 以上，长期债务在总债务中的占比多数年内都不足 20%。可以明显地看出非国有企业在长期债务融资能力上的欠缺。从时间序列上看，国有企业和非国有企业短期债务占比都呈下降的趋势。

表 4－6　　上市公司（国有企业和非国有企业）债务期限结构特征

单位：%

（全样本）	2007 年	2008 年	2009 年	2010 年	2011 年	2012 年	2013 年	2014 年	2015 年	历年平均
短期债务	74.75	73.37	70.35	70.60	71.76	70.84	71.02	70.37	69.72	71.42
长期债务	25.25	26.64	29.65	29.37	28.25	29.16	29.00	29.61	30.31	28.58
（国有企业）	2007 年	2008 年	2009 年	2010 年	2011 年	2012 年	2013 年	2014 年	2015 年	历年平均
短期债务	72.85	71.47	68.53	68.77	69.89	69.06	69.31	68.34	67.61	69.54
长期债务	27.15	28.53	31.47	31.23	30.11	30.91	30.68	31.63	32.41	30.46
（非国有企业）	2007 年	2008 年	2009 年	2010 年	2011 年	2012 年	2013 年	2014 年	2015 年	历年平均
短期债务	87.23	86.42	82.98	82.79	82.69	80.56	79.53	79.74	78.09	82.22
长期债务	12.77	13.58	17.04	17.25	17.32	19.45	20.47	20.26	21.91	17.78

注：表中结构比例均为对应的项目各年加总值除以总债务的各年加总值。

本章特选取短期借款、应付票据、应付账款、预收账款、应付工资、应交税费、应付利息和应付股利八个基本上反映了企业主要短期债务的指标，考察企业短期债务的结构特征，分别用每个指标除以总流动负债。从总体样本中可以看出，企业主要是依赖应付账款和短期借款来进行短期债务融资，企业日常经营过程中产生的应付工资、应交税费、应付利息和应付股利占总的短期债务比例都比较低。从产权性质来看，在国有企业样本中最主要的短债债务是从供应商处获得的债务融资，即应付账款在全部流动负债中占比平均达到了 28.95%，其次是短期借款，而在非国有企业中短期借款在全部流动负债中的比例最高，达到了30.50%，说明在短期债务融资方式的选择上，国有企业和非国有企业是存在差异的（见表4-7）。

表4-7　上市公司（国有企业和非国有企业）短期债务结构特征

单位：%

（全样本）	2007年	2008年	2009年	2010年	2011年	2012年	2013年	2014年	2015年	历年平均
短期借款	26.92	28.99	24.40	23.64	24.01	24.32	23.96	22.68	21.09	24.45
应付票据	6.15	6.54	7.22	6.72	6.32	6.39	6.44	7.06	7.42	6.70
应付账款	26.03	25.06	27.45	28.75	28.18	28.60	28.57	28.68	28.38	27.74
预收账款	14.24	14.87	16.32	16.11	15.04	15.39	15.08	14.21	14.43	15.08
应付职工薪酬	2.41	1.94	1.90	1.89	1.71	1.61	1.57	1.56	1.60	1.80
应交税费	3.64	2.32	2.33	3.14	3.42	2.53	2.52	2.67	2.55	2.79
应付利息	0.34	0.33	0.30	0.26	0.33	0.37	0.38	0.42	0.42	0.35
应付股利	0.32	0.29	0.33	0.32	0.30	0.20	0.18	0.17	0.19	0.26
（国有企业）	2007年	2008年	2009年	2010年	2011年	2012年	2013年	2014年	2015年	历年平均
短期借款	25.24	27.92	23.34	22.35	22.74	23.36	22.79	21.51	19.51	23.19
应付票据	5.32	5.57	6.32	5.65	5.31	5.36	5.41	5.96	6.32	5.69
应付账款	26.85	25.79	28.38	29.89	29.41	29.92	29.89	30.14	30.31	28.95

续表

（国有企业）	2007 年	2008 年	2009 年	2010 年	2011 年	2012 年	2013 年	2014 年	2015 年	历年平均
预收账款	14.51	15.39	16.52	16.33	15.04	15.07	14.85	14.19	14.44	15.15
应付职工薪酬	2.51	1.94	1.88	1.85	1.65	1.52	1.45	1.44	1.49	1.75
应交税费	3.85	2.40	2.37	3.31	3.79	2.71	2.64	2.65	2.48	2.91
应付利息	0.31	0.29	0.27	0.24	0.31	0.35	0.39	0.43	0.41	0.33
应付股利	0.31	0.27	0.33	0.32	0.31	0.21	0.19	0.18	0.22	0.26
（非国有企业）	2007 年	2008 年	2009 年	2010 年	2011 年	2012 年	2013 年	2014 年	2015 年	历年平均
短期借款	35.98	35.09	30.55	30.57	30.33	28.79	29.21	27.39	26.60	30.50
应付票据	10.63	12.09	12.41	12.57	11.32	11.24	10.98	11.45	11.26	11.55
应付账款	21.51	20.91	22.14	22.44	22.07	22.35	22.76	22.84	21.71	22.08
预收账款	12.77	11.92	15.20	14.91	15.03	16.87	16.11	14.29	14.40	14.61
应付职工薪酬	1.90	1.91	2.07	2.11	2.03	2.00	2.07	2.01	1.97	2.01
应交税费	2.49	1.86	2.14	2.19	1.59	1.70	2.01	2.77	2.82	2.17
应付利息	0.51	0.54	0.49	0.38	0.44	0.43	0.36	0.39	0.42	0.44
应付股利	0.33	0.37	0.32	0.29	0.21	0.16	0.14	0.13	0.11	0.23

注：表中结构比例均为对应的项目各年加总值除以流动负债合计的各年加总值。

我国长期借款主要由向金融机构申请贷款、公开发行债券及长期应付款构成，因此，表4-8列示了各项长期借款占总的长期债务的比例，从全样本公司可以看出，向金融机构申请的长期借款是我国长期债务的主要来源，平均达到了63.49%，但是从时间序列上看，长期借款占长期债务的比例是呈逐年下降的趋势，从2007年的70.61%下降到2015年的57.48%。应付债券在全部长期债务中的比例呈逐年上升的趋势，从2007年9.2%上升到2015年的23.67%，在全部长期债务中的平均占比是19.28%，随着我国债券市场的不断完善，公开发行公司债券的公司和发行金额都在不断增加，公司债券的不断增加解释了长期借款占比的下降。长期应付款在总长期债务中的占比历年变化不大，各年维持在5%左右。

表4-8　上市公司（国有企业和非国有企业）长期债务结构特征

单位：%

（全样本）	2007年	2008年	2009年	2010年	2011年	2012年	2013年	2014年	2015年	历年平均
长期借款	70.61	69.18	66.30	64.39	62.75	59.62	60.73	60.36	57.48	63.49
应付债券	9.20	12.23	18.16	19.92	21.26	24.14	23.13	21.77	23.67	19.28
长期应付款	6.69	6.02	4.57	3.96	4.28	4.32	4.02	4.56	5.40	4.87
（国有企业）	2007年	2008年	2009年	2010年	2011年	2012年	2013年	2014年	2015年	历年平均
长期借款	70.17	68.51	65.62	63.71	62.62	59.93	60.91	60.78	58.54	63.42
应付债券	9.73	12.76	18.84	20.68	21.68	24.00	23.08	21.51	22.58	19.43
长期应付款	6.96	6.22	4.69	3.96	4.25	4.28	4.06	4.60	5.36	4.93

续表

（非国有企业）	2007 年	2008 年	2009 年	2010 年	2011 年	2012 年	2013 年	2014 年	2015 年	历年平均
长期借款	77.27	79.35	75.15	72.40	63.88	56.77	59.43	57.33	51.24	65.87
应付债券	2.05	4.57	9.40	10.75	16.99	25.34	23.46	23.57	30.13	16.25
长期应付款	2.98	3.06	2.97	3.95	4.61	4.59	3.70	4.30	5.63	3.98

注：表中结构比例均为对应的项目各年加总值除以长期负债合计的各年加总值。

从产权性质上来看，国有企业的长期借款占长期债务的比例要低于非国有的上市公司，非国有企业总体上来说长期债务的来源主要是依赖于长期借款。但从时间序列上看，国有企业和非国有企业的长期借款占总长期债务的比例都呈下降的趋势，公司债的占比都呈上升的趋势，尤其是非国有企业的公司债券占总长期债务的比例增长速度明显要高于国有企业，在 2015 年非国有企业的公司债券占总长期债务的比例已经达到了 30.13%。从表 4－8 中可以看出，企业的长期债务构成比例发生较大的变化，说明企业开始拓宽企业长期债务的渠道，加大了公司债券的融资力度。

4.4　本章小结

本章首先对我国货币政策的实践进行梳理，分析了我国当前主要的货币政策工具，明晰货币政策的目标体系主要包括中间目标和最终目标。我国货币政策的发展经历了严重压制时期、直接调控时期、直接调控向间接调控转变阶段及间接调控四个发展阶段。其次，分析了我国的产权制度背景，由于预算软约束的存在使得国有企业和非国有企业在筹融资等经济活动中面临着不平等的制度约束，产权差异会导致企业债务融资有所不同，国有企业融资约束要低于非国有企业，产权差异也影响了货币政策的微观实施效果。最后，对我国债务市场特征进行数据分析，从债务规模结构、方式和期限三个视角全面分析我国上市公司的债务融资的基本特征，文中先对全部上市公司的债务状况进行分析，然后又按照国有企业和非国有企业分类考察其债务特征。本章的制度背景分析和债务特征分析为后面的实证分析奠定了坚实的现实基础。

货币政策、会计
信息质量与
债务融资
Chapter 5

第5章 货币政策、会计信息质量与债务规模调整

随着企业外部宏观经济波动程度的加剧及金融危机、欧债危机的爆发，各国政府为了应对全球性的金融波动，纷纷采用货币政策等宏观经济政策来稳定经济发展。由于我国资本市场还不够发达，大部分企业的融资方式还是依赖于银行信贷，当央行频繁调整货币政策，金融机构的可供对外贷款数量和市场利率发生波动，企业债务融资规模和成本必然受到影响，作为微观的经济主体面临着融资环境发生变动，企业有动机进行自身债务规模的调整，降低企业融资成本，达到企业最佳债务规模，实现企业价值最大化的目标。

本章将从动态的视角研究货币政策对于微观经济主体的债务规模调整的影响，债务规模一方面由企业自身的特征所决定，另一方面企业所处的外部经济环境也会对其产生较大的影响。既有研究发现，当外部货币政策频繁调整时，很多企业的债务规模不合理，企业的债务规模偏离最优债务规模，而仅从企业自身财务特征角度出发又很难解释其差距的原因，人们意识到仅从资金的需求角度来研究企业的债务规模调整是不够全面的，有必要从货币资金的供给角度考虑企业的债务规模调整问题。因此，探讨货币政策对于债务规模动态调整的影响，关注资金供需双方的均衡问题，从动态的视角研究企业债务规模，拓展了企业债务规模调整研究范畴，使得企业债务规模调整的影响因素更加全面；而且，从货币政策的视角研究企业债务规模调整问题，将宏观货币政策与微观企业财务行为结合，进而检验宏观货币政策是通过何种机制影响到微观企业行为，有利于考察宏观政策的微观效应，继而解释宏观货币政策变动是否是实体经济风险的动因。在面临外部宏观环境变化时，企业有动机通过提高会计信息质量降低信息不对称程度，降低企业外部融资成本，减少企业债务规模调整成本，那么不同的会计信息质量对于企业债务规模的调整是否会产生差异？会计信息质量的提高是否会降低企业债务规模调整的成本，加快企业债务规模调整的速度？在前面的制度背景分析中可以发现，不同产权性质的企业面临的债务融资约束是不一样的，那么产权差异是否会影响货币政策对债务规模的调整？

5.1　理论分析与研究假设

货币政策是调节经济运行的一个主要手段，其调控作用的实现取决于货币政策的传导渠道是否通畅。中央银行利用法定存款准备金率、公开市场业务或者再贴现等工具调整货币中介目标最终实现影响实体经济的过程，货币政策要达到最终影响经济的目标必然通过微观企业的传导，即通过调节和改变微观经济主体的融资行为和投资行为而发挥作用，而企业的融资行为在很大程度上影响着其投资行为，因此货币政策发挥作用的传导路径可以简化为宏观货币政策变动导致货币政策中间目标的变动，中间目标变化导致微观企业融资行为变动，融资行为变动引发个体投资行为变化，进而影响全社会的投资和经济变动。以往关于货币政策对于实体经济的研究，都将微观企业省略，不同的企业都视为一个“黑匣子”，然而货币政策是否能够发挥作用，在很大程度上要依赖于微观企业对其政策的反应。企业的融资是货币政策作用于实体经济的第一步，货币政策的波动调整势必对企业的债务规模调整产生影响。

以凯恩斯和弗里德曼为代表提出的货币传导渠道，解释了货币政策通过调节利率而作用于实体经济，坚持利率是货币传导机制的核心要素。Bernanke 和 Blinder（1992）运用时间序列数据，实证检验了美国基金联邦利率对于经济的解释作用，研究结果表明联邦基金利率能够很好地解释实体经济的变动。Karagiannis（2010）认为中央银行利率的变动会引发企业的贷款利率变动，最终影响社会投资，国内生产总值和消费。Bean Larsen 和 Nikolov（2002）研究指出利率的变化会导致企业资产价格的变动。蒋科（2009）研究发现货币政策通过货币渠道不仅可以影响通货膨胀利率而且也会影响到经济增长率，但是货币政策通过信贷渠道仅能影响到通货膨胀率。我国利率对于实体经济影响存在较大的滞后性（王森等，2014；黄正新和舒芳，2012），利率未完全市场化、金融市场发展不成熟是利率传导渠道不畅的主要原因（张辉和黄泽华，2011；魏健，2013）。随着利率市场化不断深化，货币政策的利率传导效果不断增强，信贷传导渠道的作用减弱（郭豫媚和陈彦斌，2015；刘小二，2015）。利率的大小，直接影响着企业的融资成本的高低，在银根宽松时期，企业债务资本的代价下降（陆正飞和杨德明，2011）。宽松的货币政策也会作用到资本市场，利率的下降会促使资本市场上股票流动性的加强，股票价格上升，使得企业净值升高，降低企业融资的约束。

伯南克和布兰德在凯恩斯、托宾等人的基础上，对于货币政策的信贷传导渠道做了开创性的研究，伯南克和布兰德（1988）放松了资本市场强势有效的假设和银行信贷与债券市场完全可替代的假设，发现调整银行的信贷规模比调整货币供应量更能对实体经济产生影响。Kashyap 和 Stein（2000）利用美国商业银行的数据进一步证实了信贷传导机制。在紧缩的货币政策期间，商业银行的信贷数量会不断下降，企业不得不开始利用商业信用等方式进行融资（Nilsen，1997；Asheraft，2006）。Lerry（2009）研究发现，对于主要依赖银行信贷融资的企业，其资产负债率随着信贷供给规模的增加而增大；对于那些不依赖于银行信贷的企业，企业的债务规模受到信贷规模的冲击就比较小。我国学者研究发现，货币供应量通过银行信贷规模变量对实体经济产生影响，中国人民银行通过关注金融机构的信贷规模来调控经济（盛松成和吴培新，2008；周英章和蒋振声，2002），在我国利率没有完全实现市场化的过程中，信贷渠道是我国货币政策传导的主要渠道（索彦峰和于波，2006）。银行信贷传导主要是指中央银行通过公开市场操作、再贴现等工具调整银行系统的信贷数量，改变微观企业信贷可获得性，对微观企业的融资结构和融资成本产生影响，最终影响实体经济，该传导机制侧重于贷款的可获得性。在宽松的货币政策期间，市场经济环境中的货币供应量会不断上升，资本市场上的资金相对就会充沛，企业融资的约束下降。当中央银行实行紧缩的货币政策时，金融机构的信贷规模会变小，那些融资约束较小的企业债务规模变化不大（马文超等，2012）。

紧缩货币政策期间利率上升，资产价格下降，尤其会导致了资本市场上股票价格的下降，企业的资产净值也随之下降，进而会使得道德风险和逆向选择问题增大，导致了企业融资约束增大。紧缩的货币政策通过利率的上升使得企业的利息加大，企业不得不使用更多的现金来偿还利息，使得企业的现金减少，内部结余资金变少，外部融资需求变大，但由于信息不对称的存在，导致外部融资溢价成本升高，企业对外融资的灵活性开始下降。紧缩的货币政策，中央银行通过降低货币供应量，提高法定存款准备金率，提高再贴现利率等手段减少了市场上货币的流通量，调高了企业贷款的利率（叶康涛和祝继高，2009）。因此，在紧缩的货币政策期间，市场利率上升，外部融资环境不确定性加大，逆向选择和道德风险增大了企业外部融资成本，使得企业的债务规模调整的成本加大，减慢了企业向最优债务规模调整的速度。Ehrmann 和 Angeloni（2003）、綦好东等（2015）宽松的货币政策可以刺激投资和消费扩大企业的生产规模，企业的生产规模扩大带来的直接效应是企业的经营业绩的上升，内部结余资金的增多，企业外部融资的需求就会下降，企业面临的融资约束也会缩小，企业既可以通过资本市场上发行股票获得资金，也可以通过向金融机构取得债务资金，企业融资的灵活性显著提高，企业可以应用较低的融资成本，将债务规模向目标债务规模调整，调整的速度也就更快（Hackbarth et al.，2006）。当执行紧缩的货币政策时会导致金融机构的信贷配给程度加大，对于那些风险较大、信息不对称程度较高的企业信贷获取额度下降得更加明显（Stieglitz and Weiss，1981；盛松成和吴培新，2008）。另外，紧缩的货币政策会抑制消费和投资，企业的投资下降，内部资金积累能力也随之变弱，企业债务规模调整的能力变差。因此，紧缩货币政策时期，银行信贷配额的加大，外部信贷融资金额受到限制，外部融资能力减弱（陆正飞等，2009；李四海等，2015）。在货币政策由宽松向紧缩调整的过程中，银行贷款利率会上升，银行的信贷配给程度会不断加强，对外贷款规模会下降，企业受到的融资约束不断加大，进而导致企业外部可获得债务资金的规模下降，债务融资成本增加，债务规模调整成本也会上升，导致企业将债务规模向最优债务规模调整的能力下降，进而使得债务规模调整的速度减缓。因此，本书提出假设：

假设 H5－1：在紧缩的货币政策期间，企业债务规模向目标债务规模调整的速度变慢。

企业的会计信息不仅仅能够反映企业的资源及其构成，而且还可以反映资源的利用效率，是外部信息使用者了解企业的主要工具之一。良好信息环境有利于资本市场的不断完善，保证债务市场健康快速发展，高质量的会计盈余信息不仅能够准确反映企业的历史业绩，便于信息使用者对未来现金流的预测，降低投资者面临的信息风险，而且还有利于减少企业与投资人之间的信息不对称，帮助资本市场各方参与者做出正确的投资决策（邹萍，2014；张肖飞，等 2015）。债务规模的调整实质上是企业实现资本有效配置的决策，高质量的会计信息可以帮助信息使用者做出正确的决策。企业的债务资本由债权人提供，因此可以从资金供给者的视角考察会计信息对于债务规模的影响。在资本市场上，由于管理者掌握着大量的私有信息，债权人很难获得企业实际经营发展和未来发展的真实情况，因此，债权人利用企业提供的会计信息来判断企业的健康程度评估其财务风险，做出是否向企业借款的决策，会计信息是债权人制定信贷决策的重要信息（Leftwich，1983；孙铮等，2006）。债权人为了减少由于信息不对称所带来的风险，规避投资损失，通常会选择那些会计信息透明度高的企业借贷，或者是对于那些会计信息透明度比较低的公司要求更高的借贷回报作为风险补偿（Easley and O'Hara，2004）。对于债权人来说，高质量的会计信息便于其对未来破产风险的预测，通常企业信息质量越高，未来违约风险预测越准确；相反，当会计信息质量较低时，银行等债权人对于未来预测的不确定性加大债权人会通过调高债务成本或者缩短债务期限、提供抵押担保等方式来规避风险（Bharath，2008）。对于债权人来说，企业的会计信息质量越高，对于未来盈利预测的准确性越高，债权人与企业的信息不对称会降低，债权人要求的回报会降低。

前面理论分析了货币政策会影响企业的债务规模的调整，即当利率下降、银行信贷规模增加时，企业会将债务规模向目标债务规模调整。然而，当所有企业面临外部宏观环境变化时，不同的会计信息质量会使得企业外部融资行为产生差异。企业与金融机构之间的信息不对称会导致银行信贷资源的错配（Stiglitz and Weiss，1981）。在不同的货币政策期间，市场上的贷款利率和银行的信贷规模是有差异的，当央行执行紧缩的货币政策时，所有的企业都将面临融资成本的加大，而且即使是有一些企业愿意付出更高的利息也很难从银行获得贷款，企业面临着信贷配给的问题，此时，提供高质量会计信息的企业更容易获得信贷资源（李志军和王善平，2011）。在紧缩的货币政策期间，企业通过调整会计稳健性，使得会计稳健性高的企业获得更多的银行信贷，稳健性低的企业银行信贷获得能力较低（饶品贵和姜国华，2011）。Zhang（2008）研究发现，当中央银行提高贷款利率时，具有稳健会计信息质量的企业可以获得较低利率的银行贷款。高会计信息质量的企业可以在紧缩的货币政策期间使得企业获得成本较低的信贷资源，有利于企业将债务规模向目标债务规模调整。货币政策的波动也会对资本市场上股票价格产生影响，当央行执行宽松的货币政策时，利率下降、股票价格上升，企业通过股权融资的能力提高（Baker and Wurgler，2002；才静涵和刘红忠，2006）。债权人对未来获利能力的预测主要依据企业提供的会计信息，当市场上货币供应量减少，投资速度减慢时，能够提供高质量会计信息的企业较低质量会计信息的企业可以通过较低的成本获得债务资金，企业的债务规模调整的成本相对较低。因此，高质量的会计信息可以有效降低企业与外部信息使用者之间的信息不对称，减少逆向选择和道德风险，降低企业外部融资的成本，进而减少了将债务规模向最优规模调整的成本，加快了债务规模调整优化的速度。因此，本书提出假设：

假设 H5－2：相对于低会计信息质量的企业，高会计信息质量的企业可以在货币政策紧缩期间提高债务规模调整的速度。

5.2 研究设计

5.2.1 样本选择及数据来源

本书选择 2007～2015 年上市公司样本考察货币政策对于债务规模调整的直接影响及会计信息质量在货币政策对债务规模调整影响中的调节作用。样本区间选择从 2007 年开始有以下两个原因：一方面，会计信息质量计算指标均来自会计报表数据，而我国从 2007 年 1 月 1 日开始实行新会计准则，新旧会计准则对于报表项目的计算口径和方法有不同，为了保证财务数据的一致性，选择从新准则执行后研究会计信息质量的作用。另一方面，货币政策的代理变量采用上海银行间同业拆借利率的一年期贷款利率的年度平均值度量，而上海银行间同业拆借利率于 2007 年建成对外公布数据。由于 A、B、H 股发行要求及不同的会计报表编制要求等存在差异，为了保证样本的可比性，本书只选取了 A 股上市公司。同时对样本做了如下处理：（1）金融保险类上市公司的报表结构、目标债务规模等都与一般企业不同，为了保证数据的可比性删除了金融保险类上市公司；（2）删除了 ST 和 *ST 公司和财务数据资料不全的上市公司。书中财务数据来自国泰安数据库和万得数据库，货币政策利率数据来源于上海银行间同业拆放利率网（http//：www. shibor. org）的手工收集。为了保证数据分析的稳健，防止异常值和离群值的干扰，本书对所有连续变量进行1%分位数的 Winsorize 处理。数据处理应用 Stata 13.0 软件。

5.2.2　模型设定

企业资产的财务特征对于企业债务筹资规模的影响非常大，因此本书应用基本财务特征拟合出目标债务规模（Hovakimane，2001；Cook and Tang，2010），借鉴 Flannery 和 Rangan（2006）、姜付秀等（2008）的研究将公司规模、企业的获利能力、有形资产比例、非债务税盾、市账比等企业特征去拟合目标债务规模。

目标债务规模模型如下：

$$targetlev_{i,t} = \alpha_0 + BX_{i,t-1} + ind + year + \upsilon_{i,t} \tag{5-1}$$

其中，$targetlev_{i,t}$是目标债务规模，B 是系数向量，$X_{i,t-1}$是影响目标债务规模的因素向量，具体定义见变量定义表。

定义了目标债务规模，借鉴 Flannery 和 Rangan（2006）模型，利用标准的部分调整模型来估计债务规模的动态调整模型：

$$lev_{i,t} - lev_{i,t-1} = \delta(targetlev_{i,t} - lev_{i,t-1}) + \omega_{i,t} \tag{5-2}$$

其中，$lev_{i,t}$是第 i 个公司第 t 年末的债务规模，$lev_{i,t-1}$是第 i 个公司第 t 年初的债务规模，将目标债务规模模型（5－1）代入模型（5－2），整理如下：

$$lev_{i,t} = (1-\delta)lev_{i,t-1} + \delta BX_{i,t-1} + \omega_{i,t} \tag{5-3}$$

其中，δ 为债务规模的调整速度，当 $\delta=0$ 时，说明企业没有进行债务规模的调整；当 $\delta<0$ 时，说明企业向最优债务规模的相反方向进行了调整；当 $\delta=1$ 时，说明企业将债务规模调整到最优债务规模；当 $0<\delta<1$ 时，企业将债务规模向目标债务规模方向调

整；当 $\delta > 1$ 时，说明企业进行了过度债务规模调整。

为了检验货币政策对于债务规模调整的影响，将货币政策变量（mp）加入标准部分调整模型中，构建扩展的债务规模调整模型：

$$lev_{i,t} = (1 - \delta + \gamma mp_{i,t-1}) lev_{i,t-1} + \rho mp_{i,t-1} + \delta BX_{i,t-1} + \omega_{i,t} \tag{5-4}$$

其中，债务规模的调整速度 $\delta' = (\delta - \gamma mp_{i,t-1})$ 当货币政策的代理变量与滞后一期的债务规模交乘项为负时，说明货币政策代理变量越大，债务规模的调整速度越快；反之则结论相反。

5.2.3 变量设定

（1）债务规模的度量。

企业的债务规模的度量主要有两种方式：一是用全部债务除以全部资产的账面价值，即企业的债务规模；二是将债务资本减去短期债务后利用长期债务除以总资产。本书采用全部债务除以全部资产的方式来度量债务规模（闵亮和沈悦，2011；罗琦和胡亦秋，2016），这种方式将企业的短期债务也包括在内，主要是因为我国企业通常会连续使用短期借款来替代长期借款，另外，还有一些企业使用商业信用的方式替代银行贷款（Peterson and Rajan，1997），如果将短期债务剔除计算的债务规模就不能够反映企业真实的债务状况。

（2）货币政策。

既往关于货币政策的度量主要有以下几种方式：第一种是基于货币政策环境和调查问卷中收集的货币政策感受指数来度量货币政策的紧缩程度，采用虚拟变量的方式测度货币政策是宽松还是紧缩（饶品贵和姜国华，2013；祝继高和陆正飞，2009）。第二种是利用货币供应量的增长率超过 GDP 增长率和 CPI 增长率的部分（陆正飞和杨德明，2011；段云和国瑶，2012）。第三种是主要货币政策工具，如利率、货币供应量以及汇率等指标作为货币政策的代理变量（彭方平和王少平，2007；聂学峰和刘传哲，2005；刘丰，2015；赫然，2015）。第一种，在利用调查问卷或者阅读货币政策报告来界定货币政策的程度，很难避免主观判断的可能性。第二种利用货币增长率的方式定义宽松还是紧缩，该虚拟变量主要从静态的视角考察货币政策，难以全面连续地反映货币政策的变动情况。第三种方法采用量化分析货币政策的具体状态，避免了人为主观判断。本书采用第三种方法度量货币政策。

我国于 2013 年才取消金融机构贷款利率下限管制，中国人民银行不再发布贷款利率的下限标准，商业银行可以自主确定贷款利率，但是银行的存款利率仍然有上限要求，2015 年 5 月央行规定商业银行的存款利率的上浮标准不可以超过基本存款利率的 1.5 倍，到 2015 年 10 月将存款利率的上限标准也全部放开，利率的市场化取得了实质性的进展，利率调整的市场化机制进一步完善。利率市场化改革的核心内容之一是培育一个能够成为货币政策有效传导的基准利率，具备影响和制约各种利率的基准利率。陈一希（2013）研究指出，我国现行的市场利率、央票利率和贷款利率之间的相关性不强，基准利率的变动不能影响这个利率体系发生变动。我国很多学者在探索基准利率的代理变量，姚秦和陈晓平（2007）认为可以将银行间的同业拆借利率作为基准利率。银行间的同业拆借利率是金融机构之间互相借贷的资金成本，能够比较充分地反映市场上资金的供求情况，通常作为货币政策的代理变量（刘丰，2015）。

在利率市场化进行比较好的国家都存在能够反映货币市场供求关系的市场基准利率，如美国可以采用联邦基金利率作为货币政策变量、英国利用伦敦银行的同业拆借利率作为货币政策变量，欧元区利用欧洲银行间同业拆借利率作为货币政策变量，我国外汇交易中心在 1996 年推出全国银行间同业拆借利率，旨在打造中国银行间的同业拆借利率，但是通过实践发现中国银行间同业拆借利率存在波动较大，容易被市场因素操纵等问题。央行为了打造我国具有市场化特征的市场基本利率，在借鉴欧美成熟经验的基础上于2007年建成了上海银行间同业拆借利率中心（Shanghai interbank offered rate，Shibor），上海银行间同业拆借利率中心由18家信用等级比较高、货币市场上交易比较活跃的商业银行组成报价团，他们利用上海全国银行间同业拆借中心技术平台，由报价团报出的同业拆出利率的平均利率作为银行间的批发性利率，当前上海银行间同业拆借利率中心对外公布隔夜、1周、2周、1个月、3个月、6个月、9个月及1年的同业拆借利率。易纲（2008）研究指出，鉴于Shibor的优势，可以将其设定为存贷款的基准利率及内部转移价格的基准利率，将其打造成中国市场的基准利率。胡明东（2014）通过对Shibor的全面分析和评价后发现，Shibor在运行上存在一些问题，但是可以通过设计相关机制去完善，认为我国可以将Shibor作为市场基准利率。周小川（2013）认为，上海银行间同业拆借利率已经发展成为货币市场上的基准性利率，可以为银行间的拆借及长短期票据、融资券、浮动利率债券提供定价参考。戴国海（2013）和胡明东（2014）的研究也纷纷指出，上海银行间同业拆借利率已经成为我国货币市场中的基准利率，其作用相当于美国联邦基金利率，可以作为我国货币政策的代理变量。钟凯（2016）研究发现，上海银行间同业拆借利率能够很好地反映货币政策的调整状态，能够反映货币市场上资金供求变化。因此，本书将上海银行间同业拆借利率的一年期贷款利率的年度平均值作为货币政策的代理变量，该指标越大，说明货币政策越紧缩。

（3）会计信息质量。

会计信息是外部信息使用者评价企业当前业绩和评估未来获利能力、偿债能力的主要指标。企业发生的经济业务很多都可以直接依据会计准则的法规进行处理，但有一些经济业务需要会计人员和企业的管理人员做出职业判断和合理的估计，出于私利主义，企业管理者为了追求自身利益的最大化或者为了达到债务契约的相关规定而进行盈余管理，操纵会计利润。盈余管理对会计利润产生的噪音越大，对企业未来现金流进行预测的准确性就越差。盈余管理不改变企业实际现金流量，但会改变企业实际盈余的列报期间，降低企业会计信息含量，加大信息不对称程度，即企业的盈余管理行为会加大债权人的信贷风险。企业的盈余质量是会计信息非常重要的一个指标，同时盈余指标也是资本市场各方最为关注的信息指标，因此本章采用盈余质量作为会计信息质量的代理变量。盈余由操控性应计盈余和非操控性盈余构成。当前操控性应计盈余的度量方式主要是采用琼斯模型。琼斯模型经过学者的补充和发展，已经演变为多种计量模型，为了计量的稳健，本书采用基本琼斯模型、修正琼斯模型、业绩匹配琼斯模型三种方式来度量操控性应计盈余 DA。本书用操控性应计盈余的绝对值来度量会计信息质量。

第一，根据 Jones（1991）模型，对公司 i 第 t 年度的总应计利润进行以下回归分析：

$$TA_{it}/A_{it-1} = \beta_0/A_{it-1} + \beta_1 \Delta REV_{it}/A_{it-1} + \beta_2 PPE_{it}/A_{it-1} + \varepsilon_{it}^1 \quad (5-5)$$

其中，TA_{it}表示总应计利润，总应计利润用净利润减去经营活动的现金流净额得到。ΔREV_{it}表示营业收入的变动额，PPE_{it}为固定资产价值，A_{it-1}为上期期末总资产，ε_{it}^1作为操纵性应计盈余的代理变量，对其绝对值即本书中的会计盈余质量，记为 DA1。

第二，Dechow 和 Sloan（1995）提出的修正 Jones 模型，对 i 公司第 t 年度的总应计利润进行了以下回归分析：

$$TA_{it}/A_{it-1} = \beta_0/A_{it-1} + \beta_1(\Delta REV_{it} - \Delta REC_{it})/A_{it-1} + \beta_2 PPE_{it}/A_{it-1} + \varepsilon_{it}^2 \quad (5-6)$$

其中，ΔREC_{it}为应收账款的变动额。回归方程（5 - 6）的残差ε_{it}^2，记为 DA2。

第三，Kothari 等（2005）在 Jones 模型基础上加上企业的盈利信息（ROA），考虑了会计盈余信息，提出了业绩匹配琼斯模型，模型如下：

$$TA_{it}/A_{it-1} = \beta_0/A_{it-1} + \beta_1 \Delta REV_{it}/A_{it-1} + \beta_2 PPE_{it}/A_{it-1} + \beta_3 ROA_{it} + \varepsilon_{it}^3 \quad (5-7)$$

回归方程（5-7）的 ε_{it}^3，记为DA3。

（4）控制变量。

要检查货币政策、会计信息质量与债务规模动态调整之间的关系，需要分两个步骤：第一步是先拟合出目标债务规模，第二步是计算债务规模向目标债务规模调整的速度。借鉴姜付秀等（2008）、陆正飞和辛宇（1998）等人的研究，对于企业目标债务规模产生的变量主要有：

①资产规模。企业的可抵押的价值与资产规模通常呈正相关关系，企业的可抵押值越高获得贷款的能力就越强，资产负债率的比例就越大。企业的资产规模与资产负债率呈正相关关系（Fama and French，2002）。企业规模越大，其抵抗外部环境风险变化的能力越强，企业分散经营风险的能力越强，其发生破产的概率越低。企业资产规模越大，其融资约束相对越小，陷入财务困境的概率越小，债务规模调整速度越快（Flannery and Rangan，2006；Cook and Tang，2010；刘星等，2015；胡锋和林冰茹，2015），本书以总资产的自然对数衡量企业资产规模。

②有形资产比。与无形资产相比，企业的有形资产更利于企业价值评估，也更容易变现，而且在企业向银行等金融机构申请贷款时，有形资产在总资产中占比越大，企业的可抵押价值就会越高，相应地可以获得更多的信贷资源。企业的有形资产占比可以增强其偿债能力，通常情况下，企业的有形资产占比与企业的债务规模呈正相关关系。本书采用固定资产净值除以总资产来表示有形资产比（闵亮和沈悦，2011）。

③获利能力。关于盈利能力对于债务规模的影响，一直有两种不同的说法：一种是根据权衡理论的观点，该理论认为企业的盈利能力越强，公司内部就会留存较多的留存收益，公司所受到的融资约束就

会下降，公司债务规模的调整障碍较小，通常可以应用低成本获得外部融资，相对于权益融资债务融资具有税盾的效应，因此，盈利能力强的企业其债务规模也会越大，企业的获利能力与债务规模正相关；相反，获利能力较差的公司，会存在较大的融资约束，降低了债务规模调整的灵活性。另一种是根据融资优序理论，获利能力强的企业通常会有大量的资金结余，企业在需要资金扩大生产或对外投资时，首先会选择内部资金，外部债务资金或者权益资金的需求量下降，因此企业的获利能力与债务规模呈负相关关系（吕长江和韩慧博，2001）。本书采用净利润除以总资产的方式度量获利能力。

④非债务税盾。企业每年对于固定资产计提的折旧费是一种非付现费用，而且该费用在计算税费之前予以抵扣，因此折旧具有税收挡板的作用，折旧的税收抵减效应如同企业的利息费用对于税收的抵减，被称为非债务税盾。如果企业通过非债务税盾获得了充足的抵税效应，在利用利息债务税盾的动机就会下降，因此非债务税盾与企业的债务规模呈负相关关系（王皓和赵俊，2004）。本书应用固定资产的年折旧额除以总资产度量非债务税盾。

⑤成长机会。权衡理论认为高成长性的企业其破产的概率较高，企业债务融资的比例较低，更加倾向于股权融资，因此，成长机会与债务规模呈相反关系（Kim and Sorensen，1986）。根据融资优序理论，快速发展的企业往往需要大量的资金投入，而企业首先会选择内部结余资金，当内部资金不充分时会先获得资本成本相对较低的债务资本，因此，成长机会与债务规模呈正相关关系（张太原等，2007）。本书用托宾 Q 来衡量企业的成长机会。

⑥行业特征。由于不同的行业之间的债务规模变动比较大，因此本书控制行业变量对于债务规模影响。本书将金融行业剔除，按照证监会的行业分类标准划分产业，同时将制造业采用二级分类标准划分。

⑦宏观经济周期。外部宏观经济发生波动时势必会对企业的经营管理和现金流动等产生影响，同时对银行的信贷规模和信贷利率产生

影响，进而会对企业的债务规模产生影响。因此，本书用年度哑变量来度量宏观经济周期。

变量定义如表 5－1 所示。

表 5－1　　变量定义表

变量类型	变量名称	变量定义
因变量	Lev	债务规模 = 总负债/总资产
解释变量	MP	上海银行间同业拆借利率的一年期贷款利率的年度平均值
	DA1	会计盈余质量 DA1，根据琼斯模型计算，DA1 越大会计盈余质量越低
	DA2	会计盈余质量 DA2，根据修正琼斯模型计算，DA2 越大会计盈余质量越低
	DA3	会计盈余质量 DA2，根据业绩匹配琼斯模型计算，DA3 越大会计盈余质量越低
控制变量	Size	资产规模，总资产的自然对数
	Tan	有形资产比 = 固定资产净值/总资产
	ROA	获利能力 = 净利润/总资产
	Depre	非债务税盾 = 固定资产折旧/总资产
	TQ	成长机会，托宾 Q = （全部股票市值 + 负债总额）/资产总额
	State	产权性质，国有产权为 1，否则为 0
	Industry	按照一级行业代码设置，控制行业差异
	Year	年度，控制宏观经济的影响

5.3　实证检验与结果分析

5.3.1　描述性分析

各主要变量的描述见表 5－2，样本企业资产负债率的平均值

0. 54，说明样本企业资产负债率处在一个比较合理的范围内。上海银行间同业拆借利率的年度平均值的最高值为 0. 049，最小值为 0. 02，均值为 0. 041，说明我国银行间同业拆借利率调整幅度比较大，满足其作为货币政策的代理变量，用其衡量货币政策的波动比较合理。本书用操控性应计利润的绝对值作为会计信息质量的代理变量，通过计算三种方法，其均值都为 0. 08，最大值在 0. 95 ~ 0. 96 之间，由于是绝对值，因此最小值都是 0。样本企业资产获利能力的均值为 6. 23%，说明样本整体获利能力偏低。有形资产比的均值为 40%，最大值为 84%，最小值为 2%，样本企业间的差异比较大。

表 5 - 2　　　　变量的描述统计

变量	样本量	均值	中位数	最大值	最小值	标准差
Lev	14499	0. 540	0. 490	1. 060	0. 040	0. 230
MP	14499	0. 041	0. 044	0. 049	0. 020	0. 970
DA1	14499	0. 080	0. 040	0. 950	0	0. 120
DA2	14499	0. 080	0. 040	0. 950	0	0. 120
DA3	14499	0. 080	0. 040	0. 960	0	0. 120
Size	14499	21. 85	21. 69	25. 72	19. 12	1. 270
Tan	14499	0. 400	0. 390	0. 840	0. 020	0. 190
ROA	14499	0. 062	0. 056	0. 288	- 0. 175	6. 640
TQ	14499	2. 280	1. 630	13. 08	0. 210	2. 180
Depre	14499	0. 010	0. 010	0. 070	0	0. 010

5. 3. 2　相关性分析

为了避免解释变量与被解释变量之间存在多重共线性，在回归之前对于变量之间进行了相关分析，分析结果表明，企业财务特征变量与债务规模变量之间的相关系数都比较高，该结果进一步证明了应用企业的财务特征去拟合目标债务规模的做法是比较合理的。对于会计信息质量变量之间的相关系数比较高，不同的方法计算出来的操纵性应计利润指标的稳健性比较高（见表 5 - 3）。

表 5－3　　　　相关性检验

	Lev	MP	DA1	DA2	DA3	Size	Tan	ROA	TQ	Depre
Lev	1									
MP	0.045***	1								
DA1	0.008	0.222***	1							
DA2	0.008	0.223***	0.998***	1						
DA3	0.012	0.223***	0.967***	0.965***	1					
Size	0.397***	-0.094***	-0.264***	-0.263***	-0.254***	1				
Tan	0.391***	0.090***	-0.025***	-0.026***	-0.029***	0.220***	1			
ROA	-0.314***	0.006	0.022***	0.022***	0.039***	0.050***	-0.197***	1		
TQ	-0.348***	-0.326***	0.158***	0.157***	0.148***	-0.491***	-0.313***	0.196***	1	
Depre	0.003	-0.073***	-0.021**	-0.021**	-0.027***	-0.017**	0.334***	-0.122***	-0.028***	1

注：***、**、*分别表示在1%、5%、10%水平上显著。

5.3.3　回归分析

（1）货币政策与债务规模调整的回归分析。

根据拓展的债务规模调整模型（5－4），运用回归分析，检验货币政策对于债务规模调整的影响，验证货币政策的微观传导效应，应用银行间同业拆借利率作为货币政策的代理变量来考察货币政策对于债务规模调整的影响。

货币政策的代理变量用银行间同业拆借利率表示，如果银行间同业拆借利率的系数为负，货币政策变量与滞后一期的债务规模为正，说明随着利率的上升，债务规模的调整速度下降。回归结果见表5－4中的第①列，货币政策变量（MP）系数为负0.009，且在10%水平上显著，货币政策变量（MP）与滞后一期的债务规模交乘项的系数为正，且在1%水平上显著相关，说明当执行紧缩的货币政策时，随着银行间同业拆借利率的升高，企业的债务融资成本上升，资本结构的调整成本增加，债务规模的调整速度减慢。假设H5－1得到验证。

表 5 - 4　　货币政策与债务规模调整的回归结果

变量	①
Lev	0.635*** (9.33)
Size	0.010*** (12.73)
Tan	0.038*** (6.80)
ROA	-0.004*** (-19.76)
TQ	-0.001 (-1.63)
Depre	-0.512*** (-9.00)
MP	-0.009* (-1.66)
MP × Lev	0.037*** (3.18)
cons	-0.082** (-2.00)
Industry	控制
Year	控制
样本量	14499
Adj R^2	0.863

注：***、**、* 分别表示在 1%、5%、10% 水平上显著，括号中为 t 值。

(2) 会计信息质量、货币政策与债务规模调整的回归分析。

前面已验证货币政策越宽松，债务规模调整速度越快，那么会计信息质量的不同是否会影响货币政策对债务规模调整？首先对会计信息质量进行分组，依据操纵性应计利润的均值进行分组，将高于均值的操纵性应计利润定义为低会计信息质量组，将低于均值的操纵性应计利润定义为高会计信息质量组。对模型（5 - 4）按会计信息质量分组进行回归得到表 5 - 5。

表 5 - 5 是会计信息质量（DA1、DA2、DA3）与货币政策的分组

回归结果，利率变量与滞后一期的债务规模的交乘项在高会计信息质量组和低会计信息质量组中都在5%水平上显著为正，说明当利率上升时，企业的债务规模调整速度就会变慢，但是高会计信息质量组中利率变量与滞后一期的债务规模的交乘项系数是0.061小于低会计信息质量组中利率变量与滞后一期的债务规模的交乘项系数0.076。按照货币政策对于债务规模的调整速度公式计算，系数越小其调整的速度就越快。虽然在利率上升时，企业的债务规模整体调整速度下降，但是高会计信息质量的企业比低会计信息质量的企业债务规模调整要快。

表5－5　按会计信息质量分组回归货币政策与债务规模调整的结果

变量	会计信息低质量组（DA1）	会计信息高质量组（DA1）	会计信息低质量组（DA2）	会计信息高质量组（DA2）	会计信息低质量组（DA3）	会计信息高质量组（DA3）
Lev	1.292*** (7.83)	0.493*** (6.59)	1.271*** (7.72)	0.494*** (6.60)	1.268*** (7.83)	0.492*** (6.54)
Size	0.017*** (9.13)	0.010*** (10.73)	0.017*** (9.55)	0.010*** (10.44)	0.016*** (9.06)	0.010*** (10.78)
Tan	0.044*** (3.26)	0.034*** (5.93)	0.037*** (2.81)	0.036*** (6.26)	0.039*** (2.95)	0.036*** (6.11)
ROA	－0.005*** (－15.39)	－0.003*** (－13.09)	－0.005*** (－15.34)	－0.003*** (－13.36)	－0.005*** (－13.97)	－0.003*** (－14.93)
TQ	0.001 (1.36)	－0.004*** (－3.69)	0.001 (1.24)	－0.004*** (－3.97)	0.001 (1.10)	－0.003*** (－3.17)
Depre	－0.299** (－2.52)	－0.584*** (－9.42)	－0.243** (－2.08)	－0.608*** (－9.77)	－0.296** (－2.53)	－0.572*** (－9.06)
MP	－0.026** (－2.01)	－0.025*** (－3.94)	－0.023* (－1.80)	－0.025*** (－3.93)	－0.019 (－1.51)	－0.023*** (－3.56)
MP × Lev	0.076*** (2.66)	0.061*** (4.88)	0.072** (2.54)	0.061*** (4.84)	0.072** (2.57)	0.061*** (4.83)
cons	－0.422*** (－4.37)	0.024 (0.53)	－0.401*** (－4.34)	0.025 (0.56)	－0.368*** (－4.02)	0.005 (0.10)
Industry	控制	控制	控制	控制	控制	控制

续表

变量	会计信息低质量组（DA1）	会计信息高质量组（DA1）	会计信息低质量组（DA2）	会计信息高质量组（DA2）	会计信息低质量组（DA3）	会计信息高质量组（DA3）
Year	控制	控制	控制	控制	控制	控制
样本量	6819	7680	6810	7689	6867	7632
Adj R^2	0.853	0.871	0.854	0.871	0.854	0.870

注：***、**、*分别表示在 1%、5%、10%水平上显著，括号中为 t 值。

5.4　进一步分析

由于我国特殊的经济转轨背景，导致我国是二元所有制结构并存，即同时存在着国有企业和非国有企业，不同产权性质的企业在融资约束上存在差异，因此国有和非国有企业在融资决策和融资结构调整上有所不同（盛明泉等，2012）。一方面，国有企业存在预算软约束，当国企发生经营亏损时，政府会提出降低税负，增加投资，增加银行贷款等帮助（林毅夫等，2004）。由于预算软约束的存在使得国有企业的管理者弱化了优化企业债务规模的动机。另一方面，我国商业银行对于非国有企业存在信贷配给的歧视，而国有企业更容易从银行获得低成本的信用资源。方军雄（2007）研究发现，我国政府对于银行的信贷资源有很强的主导作用，金融机构的信贷资源大部分被配给到国有企业中。当央行调整货币政策时，货币市场上的货币供应量和银行利率都会发生变动，企业的外部债务融资也会受到影响，但是不同产权性质的企业受到的限制却有差异。在不同货币政策期间，货币政策对于企业融资能力的影响在国有企业和非国有企业间是非对称的。在货币政策紧缩期间，对于非国有企业及规模小担保能力弱的企业，其有利息性的债务比率下降，外部债务融资成本升高，债务规模的调整成本加大，债务规模向目标债务规模调整的速度变慢，而国有企业存在银行信贷的优势，对于货币政策的影响反应不明显。在宽松的货币政策期间，由于市场上资金量比较充分，银行的信贷配给程度下降，整体融资成本降低，非国有企业对市场环境变化非常敏感，加快债务规模向目标债务规模调整的速度，而国有企业一直以来的融资优势，对于外部货币环境的变化，做出反应的程度要弱于非国有企业，债务规模调整也不敏感。

为了验证不同产权性质的企业对于货币政策与债务规模调整的差异，应用模型（5-4）分成国有产权企业组和非国有产权企业组，进行分组回归。回归结果见表5-6，在第①列国有企业样本中货币政策与滞后一期的债务规模交乘项不显著，说明了国有企业对于货币政策的变动敏感性较差，债务规模的调整程度也不够明显。而在②列非国有企业的样本中，货币政策变量与滞后一期债务规模交乘项的系数在1%水平上显著正相关，说明在利率上升、货币政策从紧时，非国有企业的债务规模调整速度变慢。上述回归结果证明了国有企业对于货币政策反应的不敏感性，因此政府在制订货币政策时，要考虑因为产权差异而带来的货币政策执行效果的非对称性。

表5-6　按产权分组回归货币政策与债务规模调整的结果

变量	①国有	②非国有
Lev	0.724*** (7.90)	0.547*** (5.06)
Size	0.009*** (8.97)	0.016*** (9.47)
Tan	0.032*** (5.03)	0.050*** (5.06)
ROA	-0.004*** (-17.38)	-0.003*** (-11.66)
TQ	-0.001 (-1.08)	-0.001 (-0.46)
Depre	-0.482*** (-6.75)	-0.503*** (-5.37)
MP	-0.003 (-0.38)	-0.011 (-1.47)
MP × Lev	0.025 (1.59)	0.049*** (2.64)

续表

变量	①国有	②非国有
cons	-0.084 (-1.51)	-0.189*** (-2.84)
Industry	控制	控制
Year	控制	控制
样本量	8449	6050
Adj R^2	0.875	0.834

注：***、**、* 分别表示在 1%、5%、10% 水平上显著，括号中为 t 值。

5.5　稳健性检验

为了保证本书结论的稳健性，改变变量的度量方式，进行稳健性测试。

（1）使用信贷规模（Loan）作为货币政策的代理变量。

在利率没有完全市场化的情况下，未来的一段时间内货币政策的信贷传导渠道仍将存在（刘东庆，2015；陈点，2015）。银行信贷渠道传导过程简单概括为货币政策变动引起商业银行流动性的变动进而导致银行信贷规模发生变动，再到企业的融资行为、投资行为变化到全社会经济变动。由此传导路径可以看出对企业融资产生影响是金融机构的贷款规模，以往关于信贷传导机制的研究主要是集中在宏观经济层面，利用全社会融资规模中新增人民币规模研究银行的信贷规模变量是否影响宏观经济产出。由于本书主要是考察货币政策对于微观经济个体的影响，因此本书采用的银行对于企事业单位贷款规模作为货币政策的代理变量。在衡量规模变量时，有的采用增长率的方式有的采用期末余额，由于直接应用信贷规模的余额变量可以看出信贷规模是大还是小，可以更加直观地评价货币政策的松紧程度。因此，本书采用金融机构对于企业的贷款数量的自然对数作为货币政策的代理变量，该数据从中国人民银行网站手工收集。

根据前面拓展的债务规模调整模型（5-4），运用回归分析，检验货币政策对于债务规模调整的影响，应用微观数据检验货币政策的信贷传导渠道，应用信贷规模变量来考察货币政策对于债务规模调整的影响。在模型（5－4）中将货币政策的变量用信贷规模代替，如果信贷规模变量的系数为正，信贷规模与滞后一期的债务规模为负，表明随着信贷规模的不断扩大，企业债务规模的调整速度调高。回归结果见表5－7，货币政策代理变量信贷规模（Loan）系数为正，且在5%水平上显著，信贷规模（Loan）与滞后一期的债务规模交乘项的系数为负，说明随着银行信贷规模的不断提高，企业外部融资约束下降，企业债务规模调整的成本下降，债务规模向目标债务规模调整的速度也会提高，假设H5－1得到验证。

表5－7　　稳健性检验一

变量	(1)
Lev	0.873*** (94.03)
Size	0.010*** (12.69)
Tan	0.039*** (6.95)
ROA	－0.004*** (－19.69)
TQ	－0.001** (－2.36)
Depre	－0.532*** (－9.36)
Loan	0.001** (2.04)
Loan × Lev	－0.001*** (－3.17)
cons	－0.134*** (－7.83)
Industry	控制
Year	控制

续表

变量	(1)
样本量	14499
Adj R^2	0.863

注：***、**、*分别表示在1%、5%、10%水平上显著，括号中为t值。

表5-8是会计信息质量（DA1、DA2、DA3）与货币政策（信贷规模代理变量）的分组回归结果，信贷规模与滞后一期的债务规模的交乘项在高会计信息质量组中均在1%水平上显著为负，说明随着银行信贷数量的不断增加，高会计信息质量的企业较低会计信息质量的企业债务规模调整的速度更快，假设H5-2得以证明。

表5-8　稳健性检验二

变量	会计信息低质量组（DA1）	会计信息高质量组（DA1）	会计信息低质量组（DA2）	会计信息高质量组（DA2）	会计信息低质量组（DA3）	会计信息高质量组（DA3）
Lev	0.868*** (30.66)	0.868*** (96.33)	0.869*** (30.54)	0.868*** (95.98)	0.878*** (31.24)	0.868*** (91.98)
Size	0.016*** (9.11)	0.010*** (11.16)	0.016*** (9.55)	0.010*** (10.93)	0.016*** (9.09)	0.010*** (11.11)
Tan	0.044*** (3.29)	0.036*** (6.17)	0.038*** (2.85)	0.038*** (6.50)	0.040*** (3.09)	0.038*** (6.40)
ROA	-0.005*** (-15.38)	-0.003*** (-13.12)	-0.005*** (-15.30)	-0.003*** (-13.30)	-0.005*** (-13.94)	-0.003*** (-14.80)
TQ	0.001 (1.26)	-0.003*** (-4.03)	0.001 (1.23)	-0.003*** (-4.29)	0.001 (1.17)	-0.003*** (-3.70)
Depre	-0.322*** (-2.70)	-0.605*** (-9.82)	-0.266** (-2.25)	-0.628*** (-10.12)	-0.321*** (-2.73)	-0.599*** (-9.55)
Loan	0.001 (0.44)	0.001*** (2.73)	0.001 (0.56)	0.001*** (2.72)	0.001 (0.83)	0.001** (2.51)
Loan×Lev	-0.001 (-0.82)	-0.001*** (-3.11)	-0.001 (-0.87)	-0.001*** (-3.07)	-0.001 (-1.20)	-0.001*** (-2.95)
cons	-0.260*** (-6.48)	-0.132*** (-6.92)	-0.263*** (-6.79)	-0.131*** (-6.75)	-0.258*** (-6.52)	-0.134*** (-6.89)
Industry	控制	控制	控制	控制	控制	控制
Year	控制	控制	控制	控制	控制	控制

续表

变量	会计信息低质量组（DA1）	会计信息高质量组（DA1）	会计信息低质量组（DA2）	会计信息高质量组（DA2）	会计信息低质量组（DA3）	会计信息高质量组（DA3）
样本量	6819	7680	6810	7689	6867	7632
Adj R^2	0.853	0.871	0.853	0.870	0.853	0.870

注：***、**、*分别表示在1%、5%、10%水平上显著，括号中为t值。

（2）使用DD模型计算会计信息质量。

前面采用了琼斯模型及拓展的琼斯模型来计算操控性应计盈余，作为会计信息质量的代理变量，为了保证会计信息质量的稳健性，验证会计信息质量能够对货币政策影响的债务融资行为产生调节作用，本书将采用Dechow和Dichev于2002年提出的DD模型计算盈余质量，作为会计信息质量的代理变量。该模型主要是通过计算应计利润与经营活动现金流之间的差异来衡量盈余质量，当企业的应计利润与经营活动的现金流差异较小时，说明了企业应计利润的变现能力较强，企业的盈余质量较高，相反，应计利润与经营活动现金流之间的差异较大时，企业的盈余质量较低。DD模型主要是以应计利润和现金流之间的配比关系考察盈余质量，而不需要假设企业中总资产、固定资产等要素不被操纵。DD模型如下：

$$TCA_{it}/A_{it} = \beta_{0it} + \beta_1 CFO_{it-1}/A_{it} + \beta_2 CFO_{it}/A_{it} + \beta_3 CFO_{it+1}/A_{it} + \varepsilon_{it}^4 \quad (5-8)$$

其中，TCA_{it}表示为总应计利润，总应计利润用营业利润减去经营活动的现金流净额得到。CFO_{it-1}表示上期的经营活动现金流，CFO_{it}表示当期的经营活动现金流，CFO_{it+1}表示下期的经营活动现金流，ε_{it}^4作为操纵性应计盈余的代理变量，其绝对值为本书中的会计盈余质量，记为DD。

表5-9是应用DD模型的残差作为会计信息质量的代理变量，首先对会计信息质量进行分组，依据操纵性应计利润的均值进行分

组，将高于均值的操纵性应计利润定义为低会计信息质量组，将低于均值的操纵性应计利润定义为高会计信息质量组。对模型（5－4）按会计信息质量分组进行回归得到表 5－9，会计信息质量与货币政策的分组回归结果，货币政策与滞后一期的债务规模的交乘项在高会计信息质量组中 5% 水平上显著为负，说明即使在紧缩的货币政策期间，高质量企业的债务规模调整速度也很快，在低会计信息质量组中，货币政策与滞后一期的债务规模的交乘项为正，且在 5% 水平上显著，说明随着银行间拆借利率的上升，企业债务规模的调整速度下降。该结论进一步证明了会计信息质量在货币政策变动期间的调节作用，可以减少货币政策对于企业债务融资的冲击。

表 5－9　　稳健性检验三

变量	会计信息高质量组（DD）	会计信息低质量组（DD）
Lev	1.211 *** (8.77)	0.632 *** (7.93)
Size	0.009 *** (7.26)	0.012 *** (10.89)
Tan	0.042 *** (4.51)	0.037 *** (5.24)
ROA	−0.004 *** (−11.58)	−0.003 *** (−12.53)
TQ	−0.003 ** (−2.14)	−0.001 (−0.94)
Depre	−0.297 *** (−3.22)	−0.599 *** (−8.34)
MP	0.019 (1.38)	−0.010 * (−1.66)
MP × Lev	−0.057 ** (−2.42)	0.034 ** (2.46)
cons	−0.228 ** (−2.38)	−0.107 ** (−2.27)
Industry	控制	控制

续表

变量	会计信息高质量组（DD）	会计信息低质量组（DD）
Year	控制	控制
样本量	5007	7290
Adj R^2	0.871	0.854

注：***、**、*分别表示在1%、5%、10%水平上显著，括号中为t值。

（3）改变债务规模的度量方式。

书中主要是从宏观视角和企业自身特点考察其债务规模的调整问题，债务规模作为一个主要研究对象，其计算的稳健性更加重要，因此，本书借鉴姜付秀和黄继承（2011）、Cook和Tang（2010）的做法，应用有息债务除以总资产来度量企业的债务规模，用Lev1来表示有息的债务规模。其中有息债务包括银行短期借款加上应付票据加上一年内到期的长期借款加上长期借款再加上应付债券。回归结果见表5－10。

表5－10是货币政策与有息债务的债务规模回归，从中可以看出，利率与滞后一期的有息债务规模交乘项系数在1%水平上显著正相关。回归结果与表5－4的结果一致。紧缩的货币政策使得企业债务规模的调整速度变慢，即证明了假设H5－1。

表5－10　　稳健性检验四

变　量	货币政策
Lev1	0.023*** （5.48）
Size	0.001*** （3.10）
Tan	0.003 （1.41）
ROA	0.001 （0.03）
TQ	－0.001*** （－8.13）

续表

变　量	货币政策
Depre	0.006 (0.39)
MP	-0.040*** (-73.53)
MP × Lev1	0.170*** (90.59)
cons	0.263*** (30.19)
Industry	控制
Year	控制
样本量	14499
Adj R^2	0.763

注：***、**、* 分别表示在 1%、5%、10% 水平上显著，括号中为 t 值。

5.6　本章小结

本章以 2007～2015 年 A 股上市公司为研究样本，从动态的视角研究货币政策波动对于债务规模调整的影响，宏观货币政策的波动通过构建模型实证分析了货币政策、会计信息质量与债务规模调整行为的关系，研究结论：（1）以往关于货币政策传导机制的研究主要集中宏观经济学领域，本书以银行间同业拆借利率和银行贷款规模作为货币政策代理变量，利用微观企业数据考察货币政策传导机制的效果，证明了货币政策既可以通过利率渠道又可以通过信贷渠道对微观企业债务融资规模调整产生影响。当央行实行宽松的货币政策时，商业银行的市场流动性加大，银行信贷规模增大，银行对企业的信贷配给程度降低，企业的融资约束得以缓解，企业债务规模的可获得性增加，企业债务规模的调整速度增加，当利率变量提高时，企业外部融资成本提高，企业债务规模调整的成本加大，企业的债务规模调整速度下降，继而也证明了宽松的货币政策和紧缩的货币政策对于企业债务规模的调整是非对称的。（2）会计信息质量的提高可以降低信息不对称，降低企业与外部信息使用者之间的代理冲突，降低企业外部融资的成本，有利于企业做出向最优债务规模调整的决策。当企业面临外部融资环境的变化即货币政策调整时，企业的外部融资约束增大，融资成本上升，但是企业可以利用提高会计信息质量的方式，来缓解契约双方的信息不对称，降低企业债务融资成本和调整债务规模的成本。在货币政策变动时，提供高会计信息质量的企业比提供低会计信息质量的企业债务规模调整的速度要快。（3）由于我国存在国有企业和非国有企业，两者经营行为和融资行为存在差异，本书将样本分成国有企业样本和非国有企业样本考察货币政策变动对于债务规模调整的影响，研究发现国有企业对于货币政策变动敏感性较差，当货币政策变化时其债务规模调整程度不大。但是在非国有企业样本中显示，当央行实行宽松的货币政策时，企业的债务规模调整速度加快；当央行执行紧缩货币政策时，企业的债务规模调整速度下降。当货币政策变化时，非国有企业债务规模调整的敏感性要强于国有企业。

货币政策、会计
信息质量与
债务融资
Chapter 6

第6章　货币政策、会计信息质量与债务融资方式

本书的理论分析和第5章的研究表明，企业的债务规模会受到宏观货币政策的影响，企业债务融资会随着货币政策的波动而发生变化。债务融资是我国企业获得外部融资的主要渠道，企业一方面可以向金融机构借款，另一方面也可以通过对外发行公司债券等方式获得资金。当央行执行紧缩的货币政策时，银行的货币储备会下降，使得商业银行贷款资金的获得受到限制，相应地银行信贷供给会下降，企业可获得的银行贷款会减少，企业的公开债券是否会增加？企业是否会采用增加公司债券的方式来弥补银行债务融资的减少？企业的债务融资方式是否会发生变化？货币政策的货币传导机制能否影响企业债务融资方式？会计信息质量具有一定的债务契约的作用，在宏观货币政策变动导致市场摩擦加大时，会计信息是否能够缓解货币政策对于企业债务融资的冲击？不同的会计信息质量的企业之间的信息不对称程度不同，那么不同的会计信息质量的企业在面临货币政策变化时是否具有不同的债务融资方式？在我国特有的二元产权制度背景下，国有企业和非国有企业在获得银行信贷时具有较大的差异，那么在货币政策变动时，不同产权制度企业债务融资方式是否会有不同？检验货币政策的变动对于企业债务融资方式的影响，一方面，将企业微观主体的融资行为与宏观经济政策相结合，研究在宏观货币政策变动背景下，公开债务与私有债务之间是否存在替代效应，拓展了企业债务融资方式影响因素的研究领域。另一方面，从企业层面来研究货币政策变动对于企业债务融资方式的影响，便于检验货币政策的微观传导效应，丰富货币政策传导机制的研究，有利于考察企业的异质性对于微观传导机制的影响。

6.1 理论分析与研究假设

债务融资是我国企业主要的融资来源，债务融资中按照信息是否公开披露可以分为两类：一类是以公司债券为主的公开债务，另一类是以金融机构借贷为主的非公开债务，公开债务与非公开债务占全部债务的比例为债务的配置结构（刘星等，2015）。我国企业的债券发展相对较慢，到2007年我国真正意义上的公司债券才开始发行，我国证券监督委员会先后发布了一系列规范企业信用、发行程序等管理方法，提升债券在资本市场中的地位，通过不断的努力，我国债券的发行规模已经逐渐增长，2007年公开债券占企业全部债务的比例为2.32%，到2015年公开债券占全部债务的比例上升到7.18%，随着债券市场的不断完善我国企业债券融资还有很大的空间。当公司进行外部股权和债权融资时，说明企业自身需要资金；相反，如果企业没有进行外部融资，信息使用者就很难确定是因为企业没有外部融资的需求，还是说企业有外部融资需求但是没有能力获得外部融资，因此，本书选择有外部融资需求的企业作为研究样本，研究企业如何来安排债务融资方式，即企业如何在银行贷款和发行公开债务之间做出选择，安排企业债务的具体结构。

货币政策能够影响社会的投资、消费及实体经济的增长（Friedman and Schwartz，1963），但是货币政策具体的传导渠道和传导过程一直存在争议，直到Bernance和Blinder（1988）、Bernanke和Gertler（1995）在利率传导机制的基础上提出的信贷传导机制，丰富了货币政策对于实体经济的传导机制研究。最早学者们对于信贷传导机制的研究主要集中在银行信贷供给的变化对于宏观经济的变动影响，银行信贷传导机制对于货币政策的传导效果主要是通过调整银行资产负债表中的资产（Bernanke and Blinder，1988；Kashyap and Stein，1993）。银行的货币储备会受到中央银行货币政策的影响，紧缩的货币政策期间银行的货币储备下降可供贷款资金减少，相应的银行信贷供给会下降，银行信贷供给的减少是企业融资、投资和消费减少的主要原因。Stein（1998）研究发现，由于信息不对称的存在，银行很难获得除了担保存款外的资金。当中央银行执行紧缩的货币政策时，央行会降低银行的储备金，会迫使银行选择非储备资金来补充其流动性，非储备资金的获取会增加银行的借款成本，使得银行会削减其贷款供给。随着研究的不断深入，开始有学者关注了银行本身的特点对于信贷传导机制的影响。Kashyap 和 Stein（1995）研究发现银行的规模对于货币政策传导机制存在差异。Gambacorta 和 Mistrulli（2004）研究发现银行对于货币政策的反应程度与银行的资本结构有关，较好地控制银行资产的风险因素，银行贷款渠道主要就取决于银行的资本渠道。Ehrmann 等（2001）研究了银行异质性对于传导机制的影响，研究发现存款储备金额的变化对于贷款供给的影响在规模较大银行和高流动性的银行是比较小的；相反，对于小规模银行来说，银行可供贷款的金额就会严重受到储备金的变动影响。因此，可以说货币传导机制的作用发挥会受到银行资本的影响。

以往关于货币政策传导机制的研究中发现银行自身特点会使得货币政策的实施效果产生不同，但是仅仅通过银行自身特点的不同又很难解释实施效果的全部差异，因此，开始有学者关注货币政策的变动对于企业融资方式的影响。Kashyap 等（1993）研究发现，银行信贷供给的变化会导致企业外部融资方式发生改变，当银行供给发生减少时，社会上商业票据的发行量就会上升。Becker（2014）研究发现，当控制了企业的信用评级后，在货币政策紧缩期间，发行债券的成本要高于银行借款的成本，说明了企业在货币政策紧缩期间，从银行贷款转向发行公开债券并不是债券供给增加的结果，而是企业外部债务融资环境的改变。企业从银行贷款转向发行公开债券也不是由对公司债券的需求所导致。张梦云等（2016）利用我国上市公司的数据研究了货币政策变动对于银行信贷的影响，利用微观企业债务融资方式的选择来检验货币政策的传导机制，检验结果表明，在紧缩时期企业将采用公开债券的方式进行融资，而且当银行信贷紧缩时，企业的投资额会下降。Kashyap

等（1994）研究了在经济紧缩时期能够发行公开债券和不能发行公开债券的公司对于存货投资的影响，研究发现，那些能够获得公开债券降低存货投资的公司，是会在银行贷款和公司债券之间进行替换。由于市场摩擦的存在使得企业存在外部融资成本，然而不同的融资方式其融资成本是不一致的，低风险的大公司会选择债券融资，高风险的小公司选择银行融资。当信贷供给发生变化时，那些依赖于银行借款企业的边际融资成本会上升，进而会改变它们的融资行为，一些企业会转向债券融资。货币政策的改变，使得融资成本发生变动，不仅小企业的融资行为会发生改变，大企业也会发生改变（Becker，2014）。企业债务融资方式的改变是由于货币政策变动所带来，而不是债券本身供给增加或者债券成本低下等本身特点导致企业债务融资方式的改变。当企业能够对外公开发行债券时，企业的银行贷款与公司债券之间是有可替代性，公司债券和银行贷款具有相似的债务契约特性，两种债务都具有破产成本和税收“挡板”的效应，而且两种债务都会有抵押的要求、到期偿还本金的要求。企业具体的债务融资方式会受到外部宏观货币政策变动的影响，企业会选择在货币政策紧缩时期发行公司债券来替代银行贷款。

假设 H6 - 1：在央行执行紧缩货币政策期间，企业私有债务比例下降，公开债务比例会增加。

会计信息具有一定债务契约的作用，会计信息是企业外部信息使用者了解企业的重要途径，企业会计信息质量的高低影响投资者制定相关经济决策，债权人利用企业的会计信息制定相应的信贷决策。企业的管理者对于企业当前的经营状况和项目投资的未来盈利情况信息掌握得很充分，而债权人相当于企业的管理者处于信息的劣势，因此，企业提供的会计信息就成为债权人评价其未来现金流及盈利能力、偿债能力的主要依据，企业提供的会计信息越真实，相关性越强，透明度越高，披露得越全面，外部债权人对企业信息掌握得就会越充分，两者之间的信息不对称程度就越低。私有债权人和公有债权人在企业会计信息的收集和处理能力上存在差距，银行和金融机构相比于社会公众具有更强的信息收集能力，因此，银行等金融机构与企业之间的信息不对称程度相比社会公众的债券持有人与企业之间的信息不对称程度要低。企业具体债务融资方式的选择在很大程度上受到由信息不对称所带来的逆向选择成本的影响（Bharath et al.，2008）。既有研究发现银行和金融机构能够获得企业的非公开披露的信息，在企业会计信息的甄别上具有优势（Boyd and Prescott，1986；Ramakrishnan and Thakor，1984）。Diamond（1984）研究发现，公司债券的债权人是社会上的广大投资人，从理论上来说每一个投资人都有动机去监督被投资企业的生产经营及管理情况，但是现实中由于每个投资人学识背景的差异使得一些债券投资人不具备监督企业的能力，另外，由于债券投资人天然分散的属性导致债权人对于企业的监督成本要非常高昂，当监督成本大于监督收益时，债券投资人便会产生“搭便车”的行为。既往研究指出金融机构可以通过专业人员收集企业的信息，采用先进的技术手段分析和评估相应资料，对企业实施有效的监督，可以在很大程度上克服“搭便车”的问题。对于那些信息质量不高的企业，他们往往会通过私有债务融资来规避逆向选择的问题，降低逆向选择的成本（Bharath et al.，2008）。企业在进行外部债务融资时，通常更愿意与一小部分人分享企业的私有信息，因为如果向社会公众公布大量的信息，虽然可以降低债权人的逆向选择成本，但是大量信息的公布会使得企业的竞争者得到关于企业的私有信息，而导致企业最终的信息收益小于信息成本（Bhattacharya and Chisea，1995）。Graham 等（2005）向企业的 CFO 发放调查问卷，发现有 60% 的财务总监们认为企业不愿意发行公开债券的主要原因是企业需要向社会公众公布大量的企业私有信息。由于企业与金融机构之间可以分享更多的私人信息，相对于公有债融资，银行借贷被认为是企业的内部债，低信息质量的企业将会选择私有债务融资（Rajan，

1992）。既有的研究表明，当企业的会计信息质量较低时，企业会选择私有债务来降低逆向选择成本，而且企业可以和私有债权人之间进行协商沟通，债务契约的制定更加有弹性。Beatty 等（2010）研究了不同债务融资方式下企业的会计信息质量对于投资现金流的敏感性影响，研究发现无论是通过发行公开债券融资还是通过银行贷款融资的样本中，会计信息质量都与投资现金流的敏感性显著负相关，但是在银行信贷融资的样本中，银行的限制性条款对于投资现金流的敏感性作用要更明显。较高的会计信息质量有利于企业增加其债务融资规模，缓解企业的融资约束，降低债务契约的约束条件（Sufi，2007）。

当外部宏观经济环境变动时，企业的会计信息质量能够起到一定的缓解作用。会计信息能够缓解市场摩擦，对于债务契约的制定起到关键的作用。Balakrishnan 等（2014）研究发现，高质量的会计信息能够缓解企业与投资人之间的信息不对称程度，降低宏观经济环境变动对于企业投资行为的不利后果。Lemmon 和 Roberts（2010）、McLean 和 Zhao（2014）发现，企业投融资行为受到宏观经济政策的影响越来越严重，但是企业提供的会计信息质量的不同，投融资行为受到的影响程度也不同，高质量的会计信息能够抑制宏观经济波动的冲击。李志军和王善平（2011）指出，企业的信息披露质量能够缓解货币政策对于企业私有债务融资的影响，信息披露质量高的企业在货币政策紧缩期间可以获得更多的银行贷款。企业通过披露高质量的会计信息来缓解企业和银行之间的信息不对称程度，缓解银行面临的信贷风险，相应地降低了债务融资的成本。Erel 等（2012）研究发现，当经济衰退时，外部资金流动性紧缩，资金供给减少，资金的提供者更愿意将资金提供给信息质量高的企业。Balakrishnan 等（2014）发现，当利率提高时，企业的资产价格下跌，企业的可抵押净值下跌，导致企业的融资金额下降，但是高质量的会计信息有利于抑制资产价格下跌所带来的冲击。在我国以银行贷款为主的融资环境中，会计信息质量在银行信贷供给发生改变时将发生更为重要的调节作用。

当中央银行实行紧缩的货币政策，银行的流动性将变差，银行的信贷供给减少，企业的资产价格下降可抵押净值减少，银行将出现信贷配给，银行会将资金借给高信息质量的企业，高信息质量能够帮助银行详细分析企业的偿债能力及盈利能力等，可以有效降低银行面临的风险，因此，高质量的企业相对于低质量的企业更容易获得银行贷款，高信息质量的企业中银行贷款下降的程度会小于低信息质量的企业。在不考虑外部宏观环境的变化时，从会计信息的债务契约作用机制分析中，可以发现高会计信息质量的企业更倾向于通过公开债券的方式获得资金。当货币政策变动时，银行信贷渠道受到阻碍，企业向银行申请贷款的难度加大，企业开始转向其他债务融资方式，随着我国债券市场的逐步完善，一些企业开始采用发行公开债券的方式来弥补信贷资金的缺口，此时高会计信息质量的企业更有动机和能力通过发行债券获得资金，其债务融资中公开债务的比例就要高于信息质量低的企业。因此本书提出假设：

假设 H6－2a：在货币政策紧缩时，相对于低信息质量的企业，提供高信息质量的企业的银行信贷比例下降较慢。

假设 H6－2b：在货币政策紧缩时，相对于低信息质量的企业，提供高信息质量的企业的公开债务比例上升较快。

6.2 研究设计

6.2.1 样本选择及数据来源

本书考察了货币政策对于债务融资方式的影响，及在货币政策变动时会计信息质量对债务融资方式选择的调节作用，书中包括上市公司的财务数据和宏观的货币政策变量。书中选取了 2007 ~ 2015 年的上市公司为研究样本，上市公司的财务数据来自国泰安数据库和万得数据库。货币政策利率数据来源于上海银行间同业拆放利率网（http//：www. shibor. org）的手工收集。对于数据进行了如下筛选：（1）金融保险类上市公司的报表结构、目标债务规模等都与一般企业不同，为了保证数据的可比性删除了金融保险类上市公司；（2）删除了 ST 和 * ST 类和财务数据资料不全的上市公司；（3）为了研究债务融资方式，删除没有进行债务融资的公司；（4）为了衡量企业在银行借款和公司债券之间的转换，要求企业在两种债务市场上都要能够获得融资，考虑到我国企业在申请债券发行过程中可能会受到一些不透明因素的影响，因此剔除没有进行公开债券发行的企业。为了保证数据分析的稳健，防止异常值和离群值的干扰，本书对所有连续变量进行 1% 分位数的 Winsorize 处理。数据处理应用 Stata 13. 0 软件。

6.2.2　模型设定及变量定义

为了检验货币政策对于企业债务融资方式的影响，及不同的会计信息质量在货币政策变动时对于债务融资方式的调节作用，构建模型：

$$ds = \beta_0 + \beta_1 mp + \beta_2 control + \beta_3 industry + \beta_4 year + \varepsilon \quad (6-1)$$

其中，ds 是企业的债务融资方式，借鉴刘星等（2015）的研究用以下两种方式来度量：首先私有债务比例（Bank），用银行借款占全部债务的比例来度量私有债务在企业总债务中的比例，其中银行借款等于短期借款加上长期借款。其次，公开债务比例（BP）用企业对外发行的公司债券占全部债务的比例来度量公开债务在企业总债务中的比例。

本书选择企业的总资产、资产负债率、资产期限、经营活动的净现金流、销售收入的增长率、固定资产占总资产的比例、总资产的市价与账面价值比率作为企业债务融资方式的控制变量。同时为了控制行业间的差异和其他宏观经济政策的影响，在模型中加入行业和年度变量。

当央行执行紧缩的货币政策时，银行的储备资金会下降，银行为了增加其流动性，开始在银行之间进行相互拆借来满足其信贷供给的需要，银行间的拆借利率就会上升，本书将上海银行间同业拆借利率的一年期贷款利率的年度平均值作为货币政策的代理变量，银行等金融机构之间相互拆借的利率较高时，通常是我国央行执行紧缩的货币政策，当银行间的拆借利率较低时，货币政策比较宽松。本书预期在货币政策由宽松变为紧缩时，在私有债务模型中，货币政策的系数将为负数，表明企业的债务融资中私有债务会随着货币政策的紧缩而有所下降。在公开债务方程中，货币政策的系数将为正数，说明在货币政策紧缩时，企业的私有债务渠道受阻，企业通过发行公开债券的方式来满足企业的债务融资需要。变量定义如表 6－1 所示。

表 6－1　　　　变量定义表

变量类型	变量名称	变量定义
因变量	Bank	私有债务融资 =（银行短期借款 + 银行长期借款）/总负债
	BP	公开债务融资 = 应付债券/总负债
解释变量	MP	上海银行间同业拆借利率的一年期贷款利率的年度平均值
	DA1	会计盈余质量 DA1，根据琼斯模型计算，DA1 越大会计盈余质量越低
	DA2	会计盈余质量 DA2，根据修正琼斯模型计算，DA2 越大会计盈余质量越低
	DA3	会计盈余质量 DA2，根据业绩匹配琼斯模型计算，DA3 越大会计盈余质量越低

续表

变量类型	变量名称	变量定义
控制变量	Size	资产规模，总资产的自然对数
	Lev	资产负债率 = 负债总额/资产总额
	Tan	有形资产比 = 固定资产净值/总资产
	CFO	现金流，经营活动净现金的自然对数
	AM	资产期限 = 在建工程/资产总额
	Revrate	营业收入增长率
	TQ	成长机会 =（全部股票市值 + 负债总额）/资产总额
	State	产权性质，国有产权为 1，否则为 0
	Industry	按照一级行业代码设置，控制行业差异
	Year	年度，控制宏观经济的影响

6.3　实证检验与结果分析

6.3.1　描述性分析

表 6 - 2 列示了全部样本中主要变量的描述统计结果。其中，关于债务结构的变量银行借款占全部债务的比例（Bank）的均值为 38%，最大值为 83%，最小值为 0，说明我国上市公司在债务融资中仍然主要依靠银行贷款。公开债务占总债务的比例（BP）的均值为 8%，最大值为 54%，最小值为 0，通过统计可以看出，公司债券在全部债务中所占的比重仍然偏低，但一部分企业的公司债券已经成为企业债务融资中的主体。上海银行间同业拆借利率的年度均值为 0.04，最大值为 0.049，最小值为 0.02，标准差为 1.02，从数据上可以看出我国银行间的同业拆借利率波动较大，说明我国近年来货币政

策的调整幅度较大，货币政策的波动为本书检验货币的执行政策效果提供了前提条件。会计信息质量的均值为0.07。

表6-2　全样本描述性统计

变量	样本量	均值	中位数	最大值	最小值	标准差
Bank	5287	0.380	0.380	0.830	0	0.210
BP	5287	0.080	0.020	0.540	0	0.120
MP	5287	0.040	0.044	0.049	0.020	1.020
DA1	5287	0.070	0.030	0.630	0	0.110
DA2	5287	0.070	0.030	0.610	0	0.110
DA3	5287	0.070	0.030	0.550	0	0.100
Lev	5287	0.550	0.570	0.910	0.140	0.170
Size	5287	22.92	22.82	26.71	19.91	1.320
Tan	5287	0.270	0.240	0.790	0	0.200
CFO	5287	19.66	19.71	23.48	16.02	1.560
AM	5287	0.060	0.030	0.380	0	0.070
Revrate	5287	14.66	10.50	165.3	-49.36	31.46
TQ	5287	1.290	0.910	6.820	0.150	1.190

表6-3是按会计信息质量高低进行分组来描述债务融资方式。为了检验会计信息质量的高低是否会影响企业的债务融资方式的选择，对企业的债务配置产生影响，本书将大于均值的操控性应计利润记作低会计信息质量组，将小于均值的操控性应计利润记作高会计信息质量组，从表6-3中可以看出，低会计信息质量组中银行贷款占全部债务的比例基本在40%，高会计信息质量组中银行贷款占全部债务的比例基本在36%，低会计信息质量组中公开债务占全部债务的比例基本在6%，高会计信息质量组中公开债务占全部债务的比例基本在10%以上。该统计结果说明，低会计信息质量的企业更倾向于向银行或金融机构借入私有债务，而会计信息质量高的企业倾向于

通过发行公开债务的方式获得资金，该结果与 Bharath 等（2008）的研究结论一致。

表6-3　按会计信息质量的高低分组描述债务融资方式

解释变量	因变量	均值	最大值	最小值	标准差
会计信息低质量组（DA1）	Bank	0.40	0.83	0.00	0.21
	BP	0.06	0.54	0.00	0.11
会计信息高质量组（DA1）	Bank	0.36	0.83	0.00	0.20
	BP	0.11	0.54	0.00	0.13
会计信息低质量组（DA2）	Bank	0.40	0.83	0.00	0.21
	BP	0.06	0.54	0.00	0.11
会计信息高质量组（DA2）	Bank	0.36	0.83	0.00	0.20
	BP	0.10	0.54	0.00	0.13
会计信息低质量组（DA3）	Bank	0.39	0.83	0.00	0.21
	BP	0.06	0.54	0.00	0.11
会计信息高质量组（DA3）	Bank	0.36	0.83	0.00	0.20
	BP	0.11	0.54	0.00	0.13

表6-4是按货币政策的松紧程度分组来描述债务融资方式。为了检验不同货币政策的期间，企业的债务融资方式是否会有所不同，企业的债务融资方式是否会发生变化，本书将上海银行间同业拆借利率的一年期贷款利率按均值进行分组，一年期贷款利率高于均值的定义为紧缩的货币政策期间，一年期贷款利率低于均值的定义为宽松的货币政策期间。从表6-4中可以看出，在宽松的货币政策期间银行贷款占全部债务的比例为38%，在紧缩的货币政策期间银行贷款的占比为37%，在货币政策宽松期间公开债务占总债务的比例为7%，紧缩货币政策期间公开债务占比为9%，在货币政策紧缩时期，银行贷款占比会下降，公开债务占比有所上升，初步预测了货币政策紧缩期间公开债务作为银行贷款的替代融资方式。

表 6 -4　　按货币政策的松紧程度分组描述债务融资方式

货币政策期间	变量	均值	最大值	最小值	标准差
宽松期间	Bank	0. 38	0. 83	0. 00	0. 21
	BP	0. 07	0. 54	0. 00	0. 11
紧缩期间	Bank	0. 37	0. 83	0. 00	0. 20
	BP	0. 09	0. 54	0. 00	0. 13

表 6 -4 统计发现，在货币政策宽松和紧缩时期银行贷款和公开债务占总债务比均值之间的差异不大，为了检验在不同货币政策期间两种债务融资方式是否有显著性的差异，本书应用 T 检验，通过表 6 -5可以看出，银行贷款占总债务的比在货币政策宽松和紧缩期间存在显著的差异，该差异在 1% 水平上显著。同理，公开债务占总债务的比在货币政策宽松和紧缩期间也存在显著的差异，该差异在 1% 水平上显著。

表 6 -5　　不同货币政策期间债务融资方式的单变量 T 检验

因变量	宽松货币政策期间	紧缩货币政策期间	均值差异
	均值	均值	
Bank	0. 384	0. 374	0. 010 ***
BP	0. 068	0. 092	-0. 024 ***

注：*** 表示在 1% 水平上显著。

本书一方面考察货币政策对于债务融资方式的影响外；另一方面重点关注在货币政策发生变动时，企业的会计信息质量对于债务融资方式是否会产生影响，会计信息质量是否具有一定的调节作用。在表 6 -6以第一种会计信息质量（DA1）度量方式来看（另外两种会计信息质量度量结果与第一种会计信息质量度量结果基本相同），在货币政策宽松时期，会计信息质量高的企业银行贷款占总债务的比例为 36. 3%，会计信息质量低的企业银行贷款占总债务的比例为 40. 4%，低会计信息质量组企业的银行贷款占比超过了高会计信息质量组中银行贷款占总债务的比例，说明在货币政策宽松期间，会计信息质量的高低对于银行借贷的影响不大，低质量的企业首先选择采用私有债务融资。但是在货币政策宽松时期，公开债务占总债务的比例在高会计信息质量组和低会计信息质量组中有差异，高会计信息质量组中的企业公开债务占比达到了 10.1%，而低会计信息质量组中的企业公开债务占比仅为 3.4%，说明了即使在货币市场资金充足的情况下，也是高会计信息质量的企业更容易获得公开债务的融资。在货币政策紧缩期间，高会计信息质量组中的企业银行贷款的比例 35.4% 高于低会计信息质量组中的企业银行贷款比例 33.1%，说明在银行信贷供给变少时，高会计信息质量的企业相对于低会计信息质量的企业更容易获得银行贷款。在货币政策紧缩时期高会计信息质量的企业公开债务的比例仍然显著高于低会计信息质量的企业，无论是在何种货币政策期间，都是高会计信息质量的企业更容易获得公开债务融资。当货币政策由宽松时期变为紧缩时期时，高会计信息质量企业的银行贷款占总债务的比例由 36.3% 下降为 35.4%，下降了 2.4%，低会计信息质量企业的银行贷款占总债务的比例由 40.4% 下降为 33.1%，下降了 18%，下降的幅度要大于高会计信息质量组。当货币政策由宽松变为紧缩时，在高会计信息质量组中公开债务占比由 10.2% 上升为 11.7%，上升了 14.7%，在低会计信息质量组中公开债务占比由 3.4% 上升为 3.7%，上升了 8%，高会计信息质量组公开债务占比上升幅度要高于低会计信息质量组。

表 6－6　　　　分组债务融资方式单变量 T 检验

因变量	宽松货币政策期间			紧缩货币政策期间		
	会计信息高质量组（DA1）	会计信息低质量组（DA1）	均值差异	会计信息高质量组（DA1）	会计信息低质量组（DA1）	均值差异
Bank	0.363	0.404	0.040 ***	0.354	0.331	－0.023 ***
BP	0.102	0.034	－0.068 ***	0.117	0.037	－0.080 ***

续表

因变量	会计信息高质量组（DA2）	会计信息低质量组（DA2）	均值差异	会计信息高质量组（DA2）	会计信息低质量组（DA2）	均值差异
Bank	0.364	0.403	0.039***	0.354	0.331	-0.023***
BP	0.101	0.035	-0.066***	0.117	0.037	-0.080***
因变量	会计信息高质量组（DA3）	会计信息低质量组（DA3）	均值差异	会计信息高质量组（DA3）	会计信息低质量组（DA3）	均值差异
Bank	0.366	0.400	0.034***	0.354	0.331	-0.023***
BP	0.103	0.034	-0.069***	0.118	0.039	-0.079***

注：*** 表示在1%水平上显著。

6.3.2 相关性分析

表6-7列示了被解释变量债务融资方式（Bank、BP）与解释变量货币政策（MP）、会计信息质量（包括DA1、DA2、DA3）以及主要控制变量之间的相关关系。从表6-7中可以看出，债务融资方式代理变量Bank与货币政策代理变量（MP）的相关系数为-0.08，且在1%水平上显著相关，债务融资方式代理变量BP与货币政策代理变量（MP）的相关系数为0.19，且在1%水平上显著相关，该结果初步证明，货币政策代理变量上海银行间同业拆借利率越大，货币政策越紧缩，企业私有债务配置越少，公开债务配置越多。债务融资方式代理变量Bank与会计信息质量（包括DA1、DA2、DA3）的相关系数分别为0.012、0.01、0.015，但不够显著。债务融资方式代理变量BP与会计信息质量（包括DA1、DA2、DA3）的相关系数均是-0.185，且均在1%水平上显著相关，说明企业的会计信息质量越

表 6-7　　相关性检验

	Bank	BP	MP	DA1	DA2	DA3	Lev	Size	Tan	CFO	AM	Revrate	TQ
Bank	1												
BP	-0.278***	1											
MP	-0.080***	0.190***	1										
DA1	0.012	-0.185***	-0.219***	1									
DA2	0.010	-0.185***	-0.222***	0.994***	1								
DA3	0.015	-0.183***	-0.226***	0.950***	0.945***	1							
Lev	0.214***	-0.157***	0.067***	-0.146***	-0.143***	-0.159***	1						
Size	-0.010	0.083***	0.144***	-0.355***	-0.355***	-0.349***	0.394***	1					
Tan	0.288***	0.079***	-0.013	-0.041**	-0.040**	-0.034*	-0.076***	0.049***	1				
CFO	-0.147***	-0.005	0.005	0.126***	0.126***	0.123***	0.057***	0.588***	-0.054***	1			
AM	0.258***	0.029*	0.022	0.050***	0.049***	0.044**	0.039**	0.143***	0.257***	0	1		
Revrate	-0.003	-0.117***	-0.091***	0.114***	0.116***	0.119***	0.045***	-0.031*	-0.131***	0.056***	-0.064***	1	
TQ	-0.200***	-0.026	-0.318***	0.312***	0.310***	0.313***	-0.504***	-0.492***	-0.113***	-0.093***	-0.090***	0.081***	1

注：***、**、*分别表示在 1%、5%、10% 水平上显著。

低获得公开债务的能力也越差。企业的私有债务配置受到资产负债率、有形资产比和资产期限的显著正影响，说明了样本公司的资产负债率越高，其中私有债务的比例越大，固定资产占全部资产的比例越大，在建工程的额度越大，企业的私有债务融资的比例就越高，与我国企业的实际情况相符。企业的规模越大，收入的增长能力越大，企业的私有债务融资比例越小，但是不够显著。经营活动产生的现金能力越强，企业的市账比越高，私有债务的比例会显著变小。控制变量与公开债务之间的关系与私有债务基本相同。

6.3.3 回归分析

（1）货币政策与债务融资方式的回归分析。

为了检验货币政策对于债务融资方式的影响，运用稳健的回归分析检验了货币政策变动时企业的银行贷款占总债务比例和公开债券占总债务的比例。在表 6－8 中第二列是货币政策变量与私有债务融资之间的关系，货币政策代理变量的系数是 －0.037，在 1% 水平上显著，说明当银行同业间的拆借利率上升时，银行的流动性开始紧缩，银行对外提供的贷款数量下降，企业从银行获得贷款的难度加大，因此，企业的银行贷款占总债务的比例开始下降，证明了假设 H6－1。表 6－8 中第三列是检验货币政策对公开债务的影响，从回归结果中可以看出，当银行同业拆借利率上升时，企业公开债务融资占比呈上升趋势，当同业拆借利率上升 1 个百分点时，公开债务占比上升 2.9%，而且在 1% 水平上显著，说明在货币政策紧缩时，企业的银行借款受到影响，企业的私有债务融资下降，而公开债务融资开始上升，公开债务在一定程度上能够弥补私有债务的下降，该结果表明，企业的债务融资方式会受到外部宏观货币政策的影响，假设 H6－1 得以证明。

表6-8 货币政策与债务融资方式的回归结果

变量	私有债务融资（Bank）	公开债务融资（BP）
MP	-0.037*** (-7.23)	0.029*** (9.03)
Lev	0.301*** (9.15)	-0.147*** (-8.06)
Size	-0.009* (-1.82)	0.010*** (3.60)
Tan	0.182*** (6.81)	-0.008 (-0.49)
CFO	-0.019*** (-5.85)	-0.005*** (-2.63)
AM	0.369*** (6.17)	-0.001 (-0.01)
Revrate	0.001 (1.27)	-0.001* (-1.88)
TQ	-0.026*** (-5.27)	-0.004 (-1.25)
cons	0.867*** (10.54)	-0.071 (-1.38)
Industry	控制	控制
Year	控制	控制
样本量	5287	5287
Adj R^2	0.290	0.210

注：***、**、*分别表示在1%、5%、10%水平上显著，括号中为t值。

（2）货币政策、会计信息质量与债务融资方式的回归分析。

前面已经证明了货币政策变动会影响企业的银行借贷，那么会计信息质量的不同是否能够调节货币政策对于债务融资方式的影响，本书将会计信息质量代理变量按均值分组，分成高会计信息质量组和低会计信息质量组，分别做回归分析。表6-9列示了货币政策与会计信息质量对私有债务融资的影响。表6-10列示了货币政策与会计信息质量对公开债务融资的影响。

在表6-9中可以看出，当在不同会计信息质量下银行间同业拆借利率上升时企业的私有债务融资都会下降，但是在高会计信息质量组（DA1）中，当银行间同业拆借利率上升1个百分点时银行借贷占总债务比例下降1.7%，而在低会计信息质量组（DA1）中，当同业拆借利率上升1个百分点时，银行借贷占总债务比例下降3.3%个点，高会计信息质量能够减少银行与企业之间的信息不对称程度，当银行信贷紧缩时，银行为了规避风险，更加侧重于风险的规避，会将资金借给会计信息透明度更高的企业，减少其信贷损失的风险。证明了假设H6-2a。

表6-9　按会计信息质量分组回归货币政策与私有债务融资的结果

变量	高会计信息质量组（DA1）	低会计信息质量组（DA1）	高会计信息质量组（DA2）	低会计信息质量组（DA2）	高会计信息质量组（DA3）	低会计信息质量组（DA3）
MP	-0.017*** (-3.57)	-0.033*** (-4.85)	-0.017*** (-3.51)	-0.033*** (-5.01)	-0.018*** (-3.65)	-0.032*** (-4.90)
Lev	0.187*** (4.42)	0.378*** (8.74)	0.187*** (4.43)	0.379*** (8.77)	0.173*** (4.07)	0.387*** (9.06)
Size	-0.024*** (-4.21)	-0.030*** (-4.61)	-0.023*** (-3.97)	-0.032*** (-4.95)	-0.027*** (-4.62)	-0.028*** (-4.28)
Tan	0.329*** (10.64)	0.265*** (9.42)	0.338*** (10.71)	0.263*** (9.44)	0.337*** (11.03)	0.261*** (9.17)
CFO	-0.009** (-2.16)	-0.008 (-1.58)	-0.009** (-2.22)	-0.006 (-1.33)	-0.009** (-2.26)	-0.007 (-1.49)
AM	0.580*** (7.24)	0.518*** (6.49)	0.575*** (7.22)	0.515*** (6.40)	0.643*** (8.53)	0.456*** (5.50)
Revrate	0.001 (1.11)	0.001 (1.33)	0.001 (1.06)	0.001 (1.30)	0.001 (1.55)	0.001 (0.68)
TQ	-0.035*** (-6.16)	-0.025*** (-3.92)	-0.034*** (-6.00)	-0.026*** (-4.07)	-0.035*** (-6.23)	-0.027*** (-4.07)
cons	1.015*** (9.12)	1.064*** (10.04)	0.990*** (8.87)	1.084*** (10.29)	1.079*** (9.89)	1.015*** (9.13)
Industry	控制	控制	控制	控制	控制	控制

续表

变量	高会计信息质量组（DA1）	低会计信息质量组（DA1）	高会计信息质量组（DA2）	低会计信息质量组（DA2）	高会计信息质量组（DA3）	低会计信息质量组（DA3）
Year	控制	控制	控制	控制	控制	控制
样本量	2762	2525	2758	2529	2760	2527
Adj R^2	0.233	0.234	0.234	0.235	0.247	0.224

注：***、**、*分别表示在 1%、5%、10% 水平上显著，括号中为 t 值。

在表 6－10 中可以看出，在不同的会计信息质量下，银行间同业拆借利率上升时企业的公开债务融资都会上升，但是在高会计信息质量组（DA1）中，当银行间同业拆借利率上升 1 个百分点时，公开债务占总债务比例上升 2.1%，而在低会计信息质量组（DA1）中，当银行间同业拆借利率上升 1 个百分点时，公开债务占总债务比例上升 1.7% 个点，高会计信息质量便于债券投资人了解企业的盈利能力及偿债能力，减少企业内部管理者与债券投资人之间的信息不对称程度，降低了逆向选择的成本，高会计信息质量的企业更容易获得公开债务融资。证明了假设 H6－2b。

表 6－10　按会计信息质量分组回归货币政策与公开债务融资的结果

变量	高会计信息质量组（DA1）	低会计信息质量组（DA1）	高会计信息质量组（DA2）	低会计信息质量组（DA2）	高会计信息质量组（DA3）	低会计信息质量组（DA3）
MP	0.021*** (5.00)	0.017*** (6.26)	0.021*** (5.21)	0.017*** (6.28)	0.021*** (5.02)	0.016*** (5.97)
Lev	−0.202*** (−6.89)	−0.142*** (−6.44)	−0.192*** (−6.53)	−0.150*** (−6.74)	−0.214*** (−7.45)	−0.136*** (−6.21)
Size	0.011** (2.45)	0.028*** (9.47)	0.012*** (2.71)	0.028*** (9.18)	0.012*** (2.80)	0.028*** (9.52)
Tan	0.031 (1.63)	0.021 (1.23)	0.039** (2.04)	0.013 (0.74)	0.035* (1.84)	0.012 (0.70)
CFO	−0.006* (−1.74)	−0.010*** (−4.41)	−0.006* (−1.69)	−0.010*** (−4.58)	−0.008** (−2.44)	−0.008*** (−3.92)

续表

变量	高会计信息质量组（DA1）	低会计信息质量组（DA1）	高会计信息质量组（DA2）	低会计信息质量组（DA2）	高会计信息质量组（DA3）	低会计信息质量组（DA3）
AM	0.076 (1.33)	-0.062 (-1.35)	0.078 (1.35)	-0.055 (-1.18)	0.092 (1.55)	-0.067 (-1.57)
Revrate	-0.001*** (-3.42)	-0.001** (-2.11)	-0.001*** (-3.14)	-0.001** (-2.35)	-0.001** (-2.25)	-0.001*** (-3.11)
TQ	-0.006 (-1.11)	-0.003 (-0.93)	-0.007 (-1.32)	-0.002 (-0.69)	-0.006 (-1.12)	-0.003 (-1.04)
cons	-0.017 (-0.24)	-0.368*** (-5.79)	-0.056 (-0.79)	-0.340*** (-5.29)	-0.001 (-0.02)	-0.386*** (-6.18)
Industry	控制	控制	控制	控制	控制	控制
Year	控制	控制	控制	控制	控制	控制
样本量	2762	2525	2758	2529	2760	2527
Adj R^2	0.205	0.207	0.204	0.206	0.211	0.206

注：***、**、*分别表示在1%、5%、10%水平上显著，括号中为t值。

上述高会计信息质量组和低会计信息质量组中货币政策代理变量的系数之间差异较小，为了验证货币政策变动时高会计信息质量组和低会计信息质量组企业的债务融资方式是否存在显著差异，需要进一步检验两组回归系数的统计差异。验证回归系数之间的差异是否显著有Chow检验、Wald检验和Bootstrap组间差异检验。其中Chow检验的前提条件是样本组中的误差分布要相同，由于本书采用的是面板数据，很难满足其误差分布相同的假设，因此Chow检验通常在时间序列中使用。Wald检验的前提条件是要求误差项之间是独立的，而面板数据也很难满足因此也不适用。Bootstrap组间差异检验运用重新分组抽样的方法来检验组间差异的P值，进而确定不同组间的回归系数是否存在统计上的显著差异。Bootstrap组间差异检验的H0假设是两组间的系数不存在差异，当从同一总体中按照某一标准重新分组后，如果原假设成立，那么重新分组后的回归系数之间是相同的不会出现显著的差异。Bootstrap组间差异检验就是通过反复抽样观测组间系数差与实际组间系数差来确定P值。本书对私有债务融资在高会计信息质量组和低会计信息质量组中应用了Bootstrap组间差异检验，设定了种子值为2468，一共抽样了1000次，通过检验回归结果显示货币政策变量系数在高会计信息质量组和低会计信息质量组中存在显著的差异的。对于公开债务融资在高会计信息质量组和低会计信息质量组中也进行了上述检验，检验结果也显示了货币政策变量系数在高会计信息质量组和低会计信息质量组中是存在显著的差异。

6.4 进一步分析

（1）基于产权性质的拓展分析。

由于我国特殊的产权制度，国有企业和非国有企业在申请银行信贷或者是在发行债券时，两者之间存在较大的差异。Allen等（2005）研究发现我国的银行等金融机构对于非国有企业的信贷是存在歧视的。我国的银行系统一直没有完全按照市场规则进行资源的配置，银行在很大程度上受到政府行政指令的干预，银行信贷资源也多数配置到国有企业。孙铮等（2005）发现，政府为国有企业提供隐性担保，使得国有企业相对于民营企业，获得了更多的银行贷款资源。Gamaut等（2000）研究表明，非国有企业在我国的GDP贡献值中占有70%的份额，然而我国80%的银行资源配置到国有企业，而仅有20%的贷款资源配置到民营企业。巴曙松等（2005）研究指出，地方政府为了维持地方国有企业的发展，有动机干预银行金融机构做出向国有企业发放贷款的决策。国有企业从金融机构获得了更多的信贷资源形成了“挤出效应”，使得非国有企业受到银行更大的歧视，非国有企业从银行贷款要面临更多更苛刻的信贷限制。Cull等（2006）研究指出，我国的信贷资源更多的配置到效率低下的国有企业中，而那些效率高，企业增长能力强价值高的非国有企业却面临着信贷配给的情况。当央行实行紧缩的货币政策时，商业银行会实行信贷配给，商业银行的惜贷行为对于非国有企业会产生更加明显的作用，那么对于非国有企业从银行获得贷款将更加困难，非国有企业的债务融资方式中银行信贷资源将下降得更快。非国有企业在银行信贷资源紧缩时，会转向发行公开债券的方式来弥补资金的缺口。

表 6－11 是按照产权性质进行分组回归货币政策对于债务融资方式的影响，当货币政策紧缩时，无论是国有企业样本组还是非国有样本组，银行贷款占总债务的比例会在 1% 水平上显著下降，但是在国有样本组中银行贷款占总债务的比例随着货币政策紧缩程度的提高其下降的程度为 0.028，非国有企业银行贷款占总债务的比例随着货币政策紧缩程度的提高其下降的程度为 0.035，国有企业样本银行贷款占比下降的幅度低于非国有企业，说明了非国有企业在银行信贷紧缩时会比国有企业面临更多的信贷歧视，信贷资源获得更加困难。在国有样本和非国有样本中，公开债券占总债务的比例都在 1% 水平上显著上升，但是非国有企业样本中公开债务占总债务的比例随着货币政策紧缩程度的提高其上升的程度为 0.021，国有企业样本中公开债务占总债务的比例随着货币政策紧缩程度的提高其上升的程度为 0.019，非国有企业的公开债务占比要比国有企业样本的公开债务占比上升得要快，说明当银行信贷受阻时，非国有企业比国有企业更加积极地转向发行公开债券的方式来弥补信贷资源的缺口。进一步说明了非国有企业中的公开债务筹资替代私有债务筹资的动机更强烈。

表 6－11　　按产权分组回归货币政策与债务融资方式的结果

变量	国有样本组 私有债务融资 (Bank)	非国有样本组 私有债务融资 (Bank)	国有样本组 公开债务融资 (BP)	非国有样本组 公开债务融资 (BP)
MP	−0.028*** (−7.07)	−0.035*** (−6.97)	0.019*** (6.93)	0.021*** (5.08)
Lev	0.337*** (8.81)	0.156*** (3.07)	−0.207*** (−9.26)	−0.134*** (−4.25)

续表

变量	国有样本组 私有债务融资 (Bank)	非国有样本组 私有债务融资 (Bank)	国有样本组 公开债务融资 (BP)	非国有样本组 公开债务融资 (BP)
Size	-0.028*** (-5.37)	-0.027*** (-3.46)	0.027*** (9.25)	0.027*** (6.94)
Tan	0.256*** (11.01)	0.443*** (9.51)	0.042*** (2.87)	0.008 (0.29)
CFO	-0.004 (-1.11)	-0.011** (-2.34)	-0.012*** (-5.70)	-0.010*** (-3.11)
AM	0.593*** (8.94)	0.429*** (3.77)	-0.070 (-1.60)	0.214*** (2.76)
Revrate	0.001 (0.71)	0.001** (2.33)	-0.001*** (-3.19)	-0.001*** (-2.93)
TQ	-0.037*** (-6.10)	-0.030*** (-4.44)	-0.003 (-0.63)	0.005 (1.30)
cons	0.969*** (10.98)	1.140*** (6.79)	-0.255*** (-4.69)	-0.361*** (-3.79)
Industry	控制	控制	控制	控制
Year	控制	控制	控制	控制
样本量	3531	1756	3531	1756
Adj R^2	0.261	0.223	0.195	0.184

注：***、**、*分别表示在1%、5%、10%水平上显著，括号中为t值。

（2）区分融资约束的进一步检验。

在不同融资约束的企业中，货币政策对于企业债务融资方式的影响是否会有差异呢？Bernanke 和 Gertler（1995）在研究货币政策的银行信贷渠道对于企业的影响时指出，不同的企业面临货币政策变动时其承担的融资压力是有差异的。张梦云等（2016）应用我国上市公司的数据研究发现，当货币政策趋紧时，企业外部新增债务的融资方式会发生改变，企业新增的债务融资方式从私有债务转向公开债务，并且这种变化在融资约束大的企业中更加明显。本书借鉴曾爱民等（2011）利用收入规模来界定融资约束的方法。按照收入规模的大小来排序，在收入前25%的企业定义为低融资约束组，在收入后25%的企业定义为高融资约束组。本书分组回归货币政策对于债务融资方式的影响，目的是检验不同融资约束的企业，当央行实行紧缩的货币政策时，其公有债务和私有债务的配置是否会有不同。

表6-12第二列和第三列是检验了在不同融资约束的样本组中，货币政策的变动对于私有债务融资的影响，通过回归结果可以看出，在低融资约束的样本中，货币政策代理变量的系数是-0.005，说明当货币政策趋紧时，企业的私有债务占总债务的比例将下降，但是不显著。而在高融资约束的样本组中，当货币政策紧缩时，私有债务融资占总债务融资的比例将在1%水平上显著下降。表中第四列和第五列检验了不同融资约束程度下，货币政策对于公开债务的影响，在低融资约束样本中组，当货币政策变紧缩时，公开债务占总债务的比例在10%的水平上显著增加，在高融资约束样本组中，当货币政策紧缩时，公开债务占总债务的比例在1%水平上显著增加。通过回归检验可以看出，在企业融资约束程度越大，货币政策的变动对于私有债务融资的获得影响越严重，公开债务对于私有债务的替代效果更明显。

表6-12　按融资约束分组回归货币政策与债务融资方式的结果

变量	低融资约束样本组 私有债务融资 (Bank)	高融资约束样本组 私有债务融资 (Bank)	低融资约束样本组 公开债务融资 (BP)	高融资约束样本组 公开债务融资 (BP)
MP	-0.005 (-0.96)	-0.023*** (-4.70)	0.004* (1.83)	0.005*** (3.84)
Lev	0.360*** (12.50)	0.005** (2.35)	-0.079*** (-6.17)	0.001 (0.80)
Size	-0.008 (-1.49)	0.070*** (11.43)	0.020*** (9.03)	0.011*** (6.61)
Tan	0.364*** (15.14)	0.376*** (12.49)	0.071*** (6.70)	0.016* (1.92)
CFO	-0.011*** (-3.11)	-0.002 (-0.68)	-0.004*** (-2.70)	0.002** (2.08)

续表

变量	低融资约束样本组私有债务融资（Bank）	高融资约束样本组私有债务融资（Bank）	低融资约束样本组公开债务融资（BP）	高融资约束样本组公开债务融资（BP）
AM	0.775 *** (11.42)	0.653 *** (7.99)	-0.013 (-0.42)	-0.020 (-0.89)
Revrate	0.001 * (1.82)	0.001 (1.52)	-0.001 (-0.37)	-0.001 (-0.31)
TQ	-0.021 *** (-4.31)	-0.001 (-0.76)	-0.004 * (-1.84)	0.001 (0.51)
cons	0.407 *** (4.22)	-1.131 *** (-8.28)	-0.333 *** (-7.80)	-0.279 *** (-7.48)
Industry	控制	控制	控制	控制
Year	控制	控制	控制	控制
样本量	1256	1355	1256	1355
Adj R^2	0.296	0.272	0.181	0.174

注：***、**、*分别表示在 1%、5%、10% 水平上显著，括号中为 t 值。

6.5　稳健性检验

（1）使用信贷规模（Loan）作为货币政策的代理变量。

为了保证检验结果的稳健性，本书采用银行信贷规模作为货币政策的代理变量。如果货币政策能够影响债务融资方式，当央行的货币政策比较宽松、银行信贷供给数量增加时，企业的私有债务的获得将更加容易，债务配置中私有债务的比例会上升。表 6-13 显示，当商业银行的货币供应量充足时，企业的私有债务融资会在 1% 水平上显著增加，在货币政策比较宽松时，公开债务占总债务的比例没有显著的变化，说明在货币宽松时期公开债务对私有债务的替代效果不明显。本书采用银行信贷数量作为货币政策的代理变量，从数量型变量的角度检验了货币政策对于债务融资方式的影响。检验结果显示，企业的私有债务在货币政策宽松期间会显著增加，公开债务对于私有债务的替代效果不够明显，该结果也进一步证明了货币政策银行信贷传导机制在微观企业的传导效果。

表 6－13　　稳健性检验一

变量	私有债务融资（Bank）	公开债务融资（BP）
Loan	0. 012 *** (11. 45)	0. 014 (1. 07)
Lev	0. 212 *** (5. 05)	－0. 107 *** (－6. 39)
Size	－0. 002 (－0. 34)	0. 008 *** (2. 91)
Tan	0. 174 *** (6. 57)	－0. 001 (－0. 02)
CFO	－0. 021 *** (－6. 50)	－0. 004 ** (－2. 28)
AM	0. 363 *** (6. 14)	0. 003 (0. 07)
Revrate	0. 001 (0. 05)	－0. 001 ** (－2. 33)
TQ	－0. 027 *** (－5. 62)	－0. 002 (－0. 68)
cons	0. 722 *** (9. 34)	－0. 044 (－0. 83)
Industry	控制	控制
Year	控制	控制
样本量	5287	5287
Adj R^2	0. 272	0. 186

注：***、**、* 分别表示在 1%、5%、10% 水平上显著，括号中为 t 值。

（2）使用 DD 模型计算会计信息质量。

前面采用琼斯模型计算的会计信息质量，本书为了验证会计信息质量的调节作用，采用 DD 模型计算会计信息质量，本书将会计信息质量代理变量按均值分组，分成高会计信息质量组和低会计信息质量组，分别做回归分析。表 6－14 列示了货币政策与会计信息质量对债务融资方式的影响。

在表 6－14 中可以看出，当在不同会计信息质量下，银行间同业拆借利率上升时企业的私有债务融资都会下降，但是在高会计信息质量组中，当银行间同业拆借利率上升 1 个百分点时银行借贷占总债务比例下降 1.9%，而在低会计信息质量组中，当同业拆借利率上升 1 个百分点时，银行借贷占总债务比例下降 2.4% 个点，高会计信息质量能够减少银行与企业之间的信息不对称程度。进一步证明了假设 H6－2a。在表 6－14 中可以看出，在不同的会计信息质量下，银行间同业拆借利率上升时企业的公开债务融资都会上升，但是在高会计信息质量组中，当银行间同业拆借利率上升 1 个百分点时，公开债务占总债务比例上升 2.3%，而在低会计信息质量组中，当银行间同业拆借利率上升 1 个百分点时，公开债务占总债务比例上升 1.9% 个点，进一步证明了假设 H6－2b。

表 6－14　　稳健性检验二

变量	高会计信息质量组（Bank）	低会计信息质量组（Bank）	高会计信息质量组（BP）	低会计信息质量组（BP）
MP	－0.019*** （－3.65）	－0.024*** （－5.15）	0.023*** （5.80）	0.019*** （7.14）
Lev	0.334*** （5.23）	0.267*** （7.56）	－0.322*** （－7.76）	－0.159*** （－7.84）
Size	－0.026*** （－2.95）	－0.033*** （－7.10）	0.020*** （3.30）	0.028*** （11.34）
Tan	0.355*** （10.16）	0.271*** （10.99）	－0.001 （－0.05）	0.045*** （2.98）
CFO	－0.003 （－0.59）	－0.006* （－1.71）	－0.008* （－1.90）	－0.012*** （－6.04）
AM	0.423*** （4.61）	0.599*** （8.44）	0.015 （0.26）	－0.015 （－0.31）
Revrate	0.001 （1.30）	0.001 （1.13）	－0.001 （－1.56）	－0.001*** （－4.09）
TQ	－0.045*** （－5.17）	－0.027*** （－5.53）	－0.002 （－0.24）	0.005 （1.61）

续表

变量	高会计信息质量组（Bank）	低会计信息质量组（Bank）	高会计信息质量组（BP）	低会计信息质量组（BP）
cons	0.905*** (5.37)	1.133*** (13.61)	-0.125 (-1.04)	-0.320*** (-6.64)
Industry	控制	控制	控制	控制
Year	控制	控制	控制	控制
样本量	2420	2867	2420	2867
Adj R^2	0.233	0.234	0.234	0.235

注：***、**、*分别表示在1%、5%、10%水平上显著，括号中为t值。

（3）对于私有债务采用分位数回归方法。

不同企业对于私有债务的依赖程度不同，通常是私有债务占总债务比例高的企业更加依赖于银行借款，那么当银行信贷供给减少时，高私有债比例的企业受到货币政策的影响程度要高于低私有债务比例的企业。本书对私有债务占总债务的比例（Bank）进行分组，将私有债务占总债务比小于25%分位数的样本组定义为非银行依赖型企业，将私有债务融资占总债务比例大于75%分位数的样本定义为银行依赖型企业，对两个组分别进行回归。回归结果显示，在银行依赖型企业和非银行依赖型企业中，当货币政策紧缩时，私有债务融资比例都将在1%水平上显著下降，但是在银行依赖型企业组下降的速度要快于非银行依赖型企业组，对两种的系数差异进行T检验，检验的F值等于19.63，P值为0，说明两组的回归系数之间存在显著的差异（见表6-15）。进一步证明货币政策的传导机制对于企业私有债务融资的影响。

表6-15　　稳健性检验三

变量	25%分位数以下样本	75%分数数以上样本
MP	-0.010*** (-5.86)	-0.026*** (-5.61)
Lev	0.355*** (6.43)	0.235*** (7.04)

续表

变量	25%分位数以下样本	75%分数数以上样本
Size	-0.009 (-1.54)	-0.038*** (-9.34)
Tan	0.313*** (8.44)	0.343*** (18.30)
CFO	-0.018*** (-3.75)	0.001 (0.19)
AM	0.590*** (9.70)	0.550*** (10.64)
Revrate	-0.001 (-0.43)	0.001 (1.30)
TQ	-0.018*** (-2.99)	-0.019*** (-3.39)
cons	0.606*** (7.86)	1.245*** (12.91)

注：***、**、*分别表示在1%、5%、10%水平上显著，括号中为t值。

6.6　本章小结

本书应用微观上市公司数据，研究了货币政策变化对于企业债务融资方式的影响，以及会计信息质量在货币政策与债务融资方式中的调节作用。为了避免因企业自身因素所带来的融资方式的选择限制，为了更准确检验企业银行贷款与公司债券之间的替代关系，本书应用了既有银行借款又有公司债券的企业作为研究样本，检验当货币政策变动时，银行信贷供给减少，企业是否会从银行借贷转向发行公开债券。研究结果表明：（1）当央行实施紧缩的货币政策时，银行间同业拆借利率上升，银行自身的流动性下降，银行对外提供的信贷数量下降，上市公司从银行等金融机构借入款项的难度加大，上市公司的私有债务融资占总债务的比例开始下降，此时公开债务占总债务的比例开始上升，公开债券融资对于私有债务融资具有一定的替代效果。（2）为了考察会计信息质量在货币政策对于债务融资方式影响中的调节作用，本书将会计信息质量分成高会计信息质量组和低会计信息质量组，结果表明，在高会计信息质量组中，银行信贷占总债务的比例随货币政策紧缩程度的加大其下降的程度要小于低会计信息质量组，公开债务占总债务的比例随着货币政策紧缩程度的加大其上升的程度要大于低会计信息质量组。（3）通过回归分析，研究表明，在货币政策紧缩时，国有企业和非国有企业的银行贷款占比都会下降，但是国有企业的下降程度要小于非国有企业。同时，在货币政策紧缩时，国有企业和非国有企业的公开债务占总债务的比例都显著上升，但是国有企业样本组公开债务占比上升的速度要小于非国有企业上升的速度。（4）按收入规模的大小定义企业受到的融资约束程度，分组回归货币政策对于债务融资方式的影响，研究表明，当融资约束越大，货币政策的变动对于私有债务融资的影响越显著，公开债务对私有债务的替代效果也就越明显。

货币政策、会计信息质量与债务融资
Chapter 7

第7章　货币政策、会计信息质量与债务期限结构

商业银行的银行储备在紧缩的货币政策期间会下降，虽然这种储备的下降可以通过出售未担保的存款来抵消一部分。但是由于存在代理成本，当货币政策紧缩时，导致银行与提供资金供给银行之间产生更大的外部融资溢价，较高的成本会降低银行的总体信贷供给，同时货币政策的改变会影响银行的风险，当货币政策紧缩时增加银行的流动性需求，银行为了规避风险，会降低银行对于长期资金的放贷供给。货币政策的变动对于银行的贷款供给会产生很大的影响，银行会对企业的贷款金额和贷款期限做出一系列的调整，对于不同的企业和项目银行会做出不同的信贷决策，因此本章从资金供给发生变动的角度来研究企业债务融资期限，重点分析企业在面临货币政策调整时，企业如何选择债务期限结构？进一步验证货币政策通过何种机制影响微观企业债务期限的选择？会计信息质量作为外部信息使用者了解企业内部情况的主要工具，对于企业的债务期限有一定的影响，当外部宏观货币政策发生变动时，企业的会计信息质量是否能够缓解货币政策对于债务期限结构的影响？具有不同会计信息质量的企业是否会有不同的债务期限选择？在我国特有的产权制度背景下，不同产权性质的企业面对货币政策变动时，企业的债务期限结构是否会有不同？本章检验货币政策的变动对于企业债务期限结构的影响，一方面，拓展了债务期限结构影响因素的研究，丰富了债务期限结构宏观经济环境影响因素的内容，通过深入分析货币政策对于企业债务期限的影响，结合信息不对称和企业产权特征等不同维度的切入考察企业债务期限，在控制了企业自身的财务特征后，发现不同的会计信息质量和产权制度会使得货币政策对于企业债务期限的影响呈现出较大的差异性。另一方面，从企业层面研究货币政策对于债务期限结构的影响，丰富了货币政策的微观传导机制研究。

7.1　理论分析与研究假设

既往的研究显示，货币政策可以通过增加银行的外部融资溢价、降低银行流动性的方式或者是通过缩短银行贷款期限的方式影响银行的信贷规模，如果央行采用紧缩的货币政策，货币市场上的利率将上升，同时会增加银行的外部融资溢价，为了降低融资成本银行会削减其可供贷款的数量（Jimenez et al.，2014）。中央银行可以应用货币政策工具来调节利率和改变资金价格，进而起到调节实体经济的作用（Mccallum，1983）。商业银行自身的货币供应量会随着货币政策的收紧而下降，而且其外部融资溢价的增加也会促使商业银行降低其贷款供应量。Bernanke 和 Gertler（1995）研究指出，财务摩擦来自信息不对称，财务摩擦会影响到银行借或贷的成本，通常企业借款是否能够获得会受到财务摩擦和短期利率的影响，货币政策通过影响银行贷款金额来影响经济产出，紧缩的货币政策会降低银行的储备金，使得银行的可供贷款金额下降，因此降低了向企业贷款的数量。信贷渠道也会通过银行的资产负债表来影响实体经济，Kashyap 和 Stein（2000）研究指出，无论银行的规模是大还是小对于货币政策同样敏感，大银行和小银行对于信贷供给都会受到货币政策的影响。当央行执行紧缩的货币政策时，银行间的流动性将减弱，为了规避流动性风险银行也会减少可供贷款的数量和缩短贷款的期限（Kishan and Opiela，2012）。Kashyap 等（1993）实证研究发现，银行贷款量与货币政策的松紧程度紧密相关，货币政策紧缩期间银行不会因为企业对资金需求变动而提高放贷规模，但是宽松的货币政策会加大银行的放贷规模和加大风险承担力度。Black 和 Rosen（2016）应用商业银行数据研究了货币政策对于商业银行信贷期限和信贷规模的影响后发现，当央行提高联邦基金利率 1 个百分点时，银行贷款期限将缩短

3.3个百分点，银行信贷规模将下降8.2个百分点，紧缩的货币政策导致贷款期限降低，验证了货币政策银行贷款期限渠道的存在性和有效性。

货币政策通过信贷渠道可以影响到实体经济。Bernanke等（1996）指出，当央行执行紧缩的货币政策时，会增加银行的代理成本，降低贷款企业的净现值，因此，对于低净现值的企业来说获得贷款的能力下降，仅有净值比较高，还款能力比较强的借款人可以从银行获得贷款，货币政策的改变导致不同投资项目之间的信贷可获得性不同。当借款的代理成本增加时，会使得银行选择高净现值的企业来发放贷款。Jimenez等（2014）研究了银行的资本与流动性对于企业贷款可获得额的影响，货币政策的改变会影响银行的风险，当货币政策紧缩时，会增加银行的储备资金，增加银行的流动性需求，会降低银行对于长期资金的放贷供给。Diamond和Rajan（2006）应用Diamond的模型预测了银行发放长期贷款的金额会随着货币政策的紧缩而减少。对于资本比较小的银行和短期资本较高的银行会更大比例地减少长期贷款的供给。Borio和Zhu（2012）研究认为，各大商业银行在央行实行紧缩货币政策期间会面临资金减少的压力，商业银行会削减企业贷款数量，由于资金的供给方出现了资金限制，对于主要依赖于银行进行外部融资的企业会造成很大的影响，在银行信贷资源有限的前提下，银行会出现信贷配给，对于那些资产规模较小、财务风险相对较高的企业从银行获得资金的难度开始加大，银行为了提高其资金的流动性，通常会降低长期贷款发放的比例。段云和国瑶（2012）认为，在货币紧缩期间，企业从银行获得长期借款的能力下降，企业的债务期限结构变短。

当前在我国资本市场还不够很发达的前提下，银行的债务融资是企业获得外部资金的主要渠道，银行所提供的资金又受到央行货币政策的影响，因此货币政策的波动也会影响到企业债务期限结构的选择，货币政策对债务期限结构的作用机制可以从以下三个方面实现：

首先，货币政策通过影响商业银行的信贷供给数量来影响企业获得债务的期限结构。在紧缩的货币政策冲击下，商业银行的储备资金会显著下降，外部融资成本的增加会使得银行的外部融资能力下降，导致银行可提供的资金数量下降，银行可供贷款数量的下降，会导致社会上整体资金的减少，这时从银行获得资金的难度加大，银行的信贷配给程度会加大，银行为了保有充足的资金，即使企业愿意出更高的成本也很难从银行获得贷款，企业获得债务的整体规模下降，企业的长期贷款数量也会下降。其次，货币政策的变动会使得商业银行的贷款期限发生变动，商业银行贷款期限的变化导致企业的债务期限发生变化。当货币政策紧缩时，银行自身的流动性会受到较大的影响，银行会通过缩短贷款期限来改变信贷供给，银行通过贷款期限的缩短也可以增加银行资产的流动性，银行通过改变信贷期限来发挥货币政策作用于实体经济。最后，货币政策通过影响银行的风险而影响企业的债务期限，由于紧缩的货币政策通常会引发人们对未来经济的悲观预期，使得银行等金融机构变成风险谨慎的投资人，对于企业的经营状况和财务预期通常持不乐观态度，进一步加剧银行与企业间的委托代理成本，通常短期贷款相对于长期贷款更能缓解借贷双方的信息不对称问题，短期贷款通过强制企业频繁进行信息披露和债务契约的重新制定等措施降低道德风险和逆向选择的风险，因此，银行为了降低自身的风险而更倾向发放短期贷款，企业的贷款期限变动、债务期限结构缩短。本章提出假设：

假设 H7 -1：企业债务期限结构随着货币政策紧缩程度加大而缩小，两者呈负相关关系。

在检验了货币政策对于企业债务期限的直接影响之后，进而考察货币政策对于债务期限结构的影响是否会因企业的会计信息质量的不同而存在差异。首先，信息不对称也是影响企业债务期限选择的重要因素。会计信息是银行进行信贷决策的重要信息工具。银行通常会关注企业的经营活动产生的现金流、企业现有的资产负债比率、资本的获利能力、销售的利润率及销售增长率等指标。其次，企业会关注企业的贷款风险，银行对于企业的违约风险和破产风险的预测通常是建立在会计信息基础之上的，会计信息也能够起到风险防范的作用。最后，会计信息还是很多债务契约中限制性条款制定的主要参照值，如银行会对贷款企业提出年末不准发放现金股利，或要求债务人不得举借新债，维持一定的利息保障倍数等，当债务人的财务状况出现恶化时，银行会对债务人执行一定的惩罚。银行在发放贷款时会与债务人在贷款的金额、贷款利率和贷款期限上做出相应的规定，一旦债务人发生经济困难时，银行会与债务人进行重新谈判。因此，企业银行贷款期限的决策会受到会计信息的影响。企业贷款期限结构也会受到借款人风险和贷款项目风险的影响，贷款期限与贷款人的风险和项目的风险呈反向相关关系。债权人对企业会计信息的关注程度会因为债务期限长短而不同，对于短期负债而言，由于期限较短，债务人的资产结构和价值变化不大，债权人面临的违约风险的不确定性较小。但是对于长期借款来说，债权人更加关注企业的长期偿债能力，企业是否能够获得长期借款主要就取决于债权人对企业未来盈利能力的估计。企业未来的盈利水平越高，产生现金流的能力就越强，企业才越有可能获得长期贷款。而债权人对于企业未来盈利能力的评估是基于当前会计信息的基础之上。Diamond（1991）和 Rajan（1992）研究指出，银行等金融机构对于信息质量较低，信息透明度不高的企业在贷款前和贷款发放后难以进行有效评估和监督，为了有效避免信息风险，银行等债权人倾向于发放短期贷款给信息不对称程度较高的企业。Berger 和 Udell（1998）研究指出，银行通过发放短期借款给信息不对称程度相对较高的企业，可以使得银行具有更高的流动性，可以及时了解企业的还贷能力。Berger 等（2005）通过研究美国商业银行的具体贷款数据，发现企业的信息不对称程度与企业贷款的期限呈反向关系，即企业与银行之间的信息不对称程度越大，长期贷款的比例就越小，信息不对称程度对于企业债务期限的长短具有很强的解释能力。

Kirschenmann 和 Norden（2012）运用德国企业的数据表明，当借款企业与银行之间的信息不对称程度比较低时，借款企业的债务期限与企业风险之间呈单调的正相关关系。García-Teruel 等（2014）研究发现，银行是否会向企业发放贷款及发放多长期限的贷款，在很大程度上受到银行对于企业财务状况的评价能力和技术的影响，当前大多数银行是依靠对企业财务报表的质量来制定相关的信贷决策。

货币政策从资金的供给角度对于企业的债务期限产生影响，而这种影响往往又会因企业自身特点不同而呈现出较大的差异。宏观货币政策对于整体经济的规模结构和效率会产生影响，对于金融机构的资金供给及资本市场上资金的活跃程度也会产生较大的影响，在货币政策紧缩时，仅有高质量的企业才可以从金融机构获得债务资金，而且债务期限结构还比较短。Erel 等（2012）表示外部宏观经济衰退时，企业更倾向于短期债务融资，而中小企业获得长期债务融资的能力会大幅下降，而企业的信息不对称程度会加剧企业长期债务资金获取的难度。Gertler 和 Gilchrist（1994）等研究指出，当各大商业银行出现信贷配给时，代理问题比较严重的企业即信息不对称程度较高的企业受到的影响会很大。Morgan（2014）研究指出，货币政策对于实体经济中个体企业的影响会因为企业提供的信息质量不同而存在差异，货币政策的影响会因为信贷市场上的信息问题而放大。Biddle 和 Hilary（2009）研究发现，为了应对外部宏观货币政策的变动，企业具有提高会计信息质量的动机，企业通过加大会计信息披露力度，提升企业财务报告质量可以提升投资效率。钟凯（2016）研究发现，货币政策的频繁调整会使得外部宏观环境的不确定性加大，企业为了能够申请到更多的银行信贷资源，高质量的企业希望通过披露高质量的会计信息向银行传递信号，因此，当货币政策波动时，企业的会计信息质量会提高。饶品贵和姜国华（2011）研究了货币政策与企业的会计稳健性之间的关系，研究发现，当银行执行紧缩的货币政策时，企业的会计稳健性会相应提高，稳健的会计信息能够降低信息不对称，获得更多的银行贷款。

对于银行而言，在货币政策紧缩期间，银行首先会面临流动性紧缩的问题，外部融资成本升高，信贷规模减少，银行为了解决自身问题应对外部宏观环境的变动，会通过缩短信贷期限的方式将贷款提供给企业信息不对称程度低的企业。企业为了应对外部宏观环境的变化，企业管理层、投资者对于债权人利益侵占的动机下降，管理者也希望通过提供高质量的会计信息，向债权人发送企业健康发展的信号，以此降低宏观货币政策对于债务融资的冲击。债务契约中贷款期限是解决信息不对称问题的主要机制，当资金供给方提供资金下降时，银行为了避免逆向选择和道德风险问题将长期款项提供给信息不对称程度低的企业，对于信息不对称程度较高的企业，银行会削减贷款额度并缩短贷款期限。企业为了获得更长期限的贷款也有动机提升会计信息质量。因此，无论是从资金供给者风险防范的角度分析，还是从企业债务融资需求角度分析，在货币政策紧缩期间，银行会缩短债务期限，而信息质量高的企业相对于信息质量低的企业在长期贷款的获得上具有优势。本章提出假设：

假设 H7－2：在紧缩的货币政策期间，高会计信息质量的企业获得长期债务的能力强于低会计信息质量的企业。

7.2 研究设计

7.2.1 样本选择及数据来源

本章以 2007～2015 年沪深市 A 股为样本，做如下筛选：（1）为了保证财务相关数据的可比性，剔除了金融保险业上市公司；（2）剔除财务数据异常的 ST 和 *ST 类公司；（3）剔除样本中财务数据不全的上市公司。本章财务数据来源于国泰安 CSMAR 和万得 WIND 数据库，货币政策利率数据来源于上海银行间同业拆放利率网（httpa//：www.shibor.org）的手工收集。为防止极端值对研究结果的影响，对所有连续变量在 1% 和 99% 分位数进行 Winsorize 处理。本章使用的统计软件为 Stata 13.0。

7.2.2 主要变量的度量

（1）债务期限结构的度量。

长期债务一般是指偿还期超过一年的贷款或财务责任，并支付利息的一种偿债义务。短期债务通常指一年以内到期的贷款或财务责任。当前债务期限结构的度量主要有资产负债表法和增量法，其中资产负债表法主要用来验证企业资产的期限与债务期限是否匹配，用长期债务占总债务的比重来度量；增量法是指债务工具发行的期限，主要用来向市场传递发债企业的未来经营业绩的信号。基于本书的研究目标，本章采用资产负债表法，一种借鉴肖作平（2009）、Barclay 和 Smith（1995）的度量方式，采用长期银行借款占总债务比重指标度量债务期限结构；另一种借鉴 Fan 等（2012）的度量方式，应用长期借款占全部银行借款（包括短期借款、长期借款、一年内到期的长期借款）的比例衡量企业的债务期限结构。

（2）货币政策的度量。

本章与第 5 章和第 6 章一致，将上海银行间同业拆借利率的一年期贷款利率的年度平均值作为货币政策的代理变量，该利率越大说明银行之间相互借贷的成本越高，银行的流动性减弱，银行的贷款规模也会减少，货币政策越紧缩。

（3）会计信息质量的度量。

本章同第 5 章和第 6 章一致仍采用盈余质量作为会计信息质量的代理变量。采用基本琼斯模型、修正琼斯模型、业绩匹配琼斯模型三种方式来度量操控性应计盈余 DA。应用操控性应计盈余的绝对值来度量会计信息质量。

（4）主要控制变量。

①企业规模，大规模的企业通常资金的需求比较大，对于长期债务的需求也会增加，同时由于大企业的资产价值比较高，其抵押资产的价格比较高，企业与债权人之间的信息不对称问题较小，债权人的代理成本比较低，债权人的逆向选择风险和道德风险相对于小企业而言要低，因此大企业更容易获得长期债务。而小企业通常存在股东与债权人之间代理问题，债权人为了降低债务投资的风险，会通过缩短债务期限的方式来控制风险。Fama 和 Jensen（1983）、Rajan 和 Zingales（1995）等研究指出，大公司因为信息不对称水平低，代理成本小、破产风险小而更容易获得长期贷款，而小企业的破产风险高、到期不能如期还债的概率比较高，小企业很难获得长期债务，导致小企业主要采用短期债务进行融资。因此，企业的规模与债务期限呈正相关关系。

②偿债风险，本章采用资产负债率和流动比率来度量企业的偿债风险，资产负债率指标主要用来度量企业偿还全部债务的能力，既包含短期偿债能力也包括了长期偿债能力，反映了企业的债务风险。流动比率用企业的流动资产除以流动负债，该指标反映了企业的流动性风险。根据清算理论，企业的流动性风险与资产负债率呈正相关关系，当资产负债率增加时，为了降低流动性风险避免被清算的可能，通常会选择长期债务来规避清算的风险。因此一般认为，当企业的资产负债率和流动比率较低时，企业发生破产风险较小，通过债务期限控制风险的动机较弱，而随着资产负债率和流动比率的加大，企业会通过延长债务期限来降低破产和清算风险。

③成长性，投资人和债权人之间代理冲突会随着企业的成长机会增大而变大，代理理论认为短期债务具有治理投资不足和资产替代的作用。当企业采用短期债务方式进行融资时，企业不得不经常提供信息以便债权人掌握企业的生产经营状况，债权人就会依据这

些及时的信息来重新制订相应的债务契约条件，短期债务的融资方式减少投资人与债权人之间的利益冲突。依据代理理论可以发现，成长机会高的公司将更多地依赖短期借款，企业的整体债务期限较短。

④经营活动现金流量，当企业经营活动产生的现金流较高时，企业能够自由支配的现金就会较大，管理者利用该现金流进行过度投资的可能性就会增加，会出现投资过度风险，而短期债务需要企业有充足的现金进行偿还，可以降低债权人与投资人之间投资过度的道德风险，而且短期债务也可以刺激企业管理者努力工作防止企业破产。短期债务的债务契约作用可以有效减少企业的现金流，对企业现金流有一定的约束作用，而长期债务不能发挥该作用。因此，企业的现金流越多，企业的债务期限越短。

⑤资产期限，用企业的在建工程占总资产的比例来度量企业的资产期限，依据期限匹配理论，企业的债务期限和资产期限之间应该进行相互匹配。企业运用资产创造的现金可以用来支付到期的本金和利息，资产和债务期限的合理配置一方面能够避免因债务期限短于资产期限而导致无现金偿还债务的风险；另一方面，资产与债务合理配置可以防止资产创造能力的衰竭而无能力偿债的风险。资产和债务期限有效配置也是企业能够进行外部投资的必要前提。通常企业的在建工程需要大量的资金投入，而且在建工程的建设期间又比较长，项目在建设期间又没有办法带来收益，因此一般认为；当企业的资产期限较长时，企业的债务期限也会比较长。

⑥税费，企业的债务期限的选择会受到企业税费的影响，当企业应税的税率比较高时，企业通过发行长期债务产生较高的利息进而获得税盾效应；当企业的税率越高，发行长期债务的动机就会越强烈。DeAngelo 和 Masulis（1980）发现，企业所得税税率高的企业比税率低的企业将更倾向于采用较多的长期负债，以此来获得税盾效应。薛伟（2014）以我国2008年新企业所得税法的实施为制度背景，研究

发现名义税率与企业的债务期限显著正相关，并且在非国有企业中，名义税率提高将使企业的债务期限显著提高。

⑦审计质量，采用注册会计师对企业会计报表出具的审计意见，注册会计师作为独立的第三方对于企业会计信息质量进行检验，其结论可信性比较高，标准无保留意见的审计意见可以向社会传递出企业的会计信息质量比较高的信号，债权人与企业间的信息不对称程度会比较低，降低了债权人因企业信息带来的信息风险，债权人更愿意将长期款项提供给审计质量比较高的企业。因此，审计质量与企业的债务期限呈正相关关系。

⑧产权特征，我国的银行系统一直没有完全按照市场规则进行资源的配置，银行在很大程度上受到政府行政指令的干预，银行信贷资源也多数配置到国有企业。孙铮等（2006）发现，政府为国有企业提供隐性担保，使得国有企业相对于民营企业，获得了更多的银行贷款资源。Du 等（2009）表明，有 80% 的银行资源配置到国有企业，而仅有 20% 的贷款资源配置到民营企业。国有企业大多历史比较悠久，与银行间的关系比较密切，而且还有政府作为其隐形担保人，这种得天独厚的优势，使得企业更容易从银行获得贷款；相反，非国有企业通常成立时间较短，与银行间的联系较松散，银行对企业的了解不够，进而增加了银行的信贷评估风险，因此，非国有企业很难获得银行贷款尤其是风险更高的长期贷款。

变量定义如表 7－1 所示。

表 7－1　　　　变量定义表

变量类型	变量代码	变量定义
被解释变量	DM1	债务期限结构 = 长期借款/总负债
	DM2	债务期限结构 = 长期借款/总银行借款
解释变量	MP	上海银行间同业拆借利率的一年期贷款利率的年度平均值
	DA1	会计盈余质量 DA1，根据琼斯模型计算，DA1 越大会计盈余质量越低

续表

变量类型	变量代码	变量定义
解释变量	DA2	会计盈余质量 DA2，根据修正琼斯模型计算，DA2 越大会计盈余质量越低
	DA3	会计盈余质量 DA2，根据业绩匹配琼斯模型计算，DA3 越大会计盈余质量越低
控制变量	Size	资产规模，总资产的自然对数
	ROA	获利能力 = 净利润/总资产
	Lev	资产负债率 = 负债总额/资产总额
	CFO	现金流，经营活动净现金的自然对数
	AM	资产期限 = 在建工程/资产总额
	Revrate	营业收入增长率
	TQ	成长机会 = （全部股票市值 + 负债总额）/资产总额
	Curr	流动比率 = 流动资产/流动负债
	Taxrate	税费 = 所得税费用/税前利润
	Audit	= 1 标准审计意见，=0 其他审计意见
	State	产权性质，国有产权为 1，否则为 0
	Industry	按照一级行业代码设置，控制行业差异
	Year	年度，控制宏观经济的影响

7.2.3 模型设定

为了检验货币政策对于企业债务期限结构的影响，控制对企业债务期限有影响的财务特征变量和制度差异，构建模型：

$$dm = \beta_0 + \beta_1 mp + \beta_2 control + \beta_3 industry + \beta_4 year + \varepsilon \quad (7-1)$$

其中，dm 指债务期限结构；mp 为货币政策代理变量；control 为企业自身的财务特征变量和制度变量，主要包括资产规模、资产负债率、获利能力、收入增长能力、现金流、资产期限、成长机会、流动比率、税费、审计意见、产权性质；Industry 为行业变量；Year 为年度变量。

为了检验会计信息质量对于货币政策变动与债务期限结构的影响，将会计信息质量进行分组应用上述模型进行检验。

7.3 实证检验与结果分析

7.3.1 描述性分析

表 7－2 是对样本上市公司进行的描述统计，表 7－2 中显示长期借款占全部债务的比例均值为10%，最大值为65%，最小值为0，说明企业的长期负债比例整体偏低，企业的主要债务还是依赖于短期债务。长期借款占全部银行借款的比例均值为24%，最大值为1，最小值为0，说明样本企业银行借款中有1/4 是长期借款。上海银行间同业拆借利率的年度平均值的最高值为0.049，最小值为0.02，均值为0.04。会计信息质量的均值为0.09，最大值1.11～1.16，最小值0。收入的增长率均值为12.51 说明样本企业整体成长能力较强。资产的期限均值为4%，最大值为34%，最小值为0，说明样本企业的在建工程整体占比不高。实际税费的均值为17%，最大值为83%，最小值为负的59%，税费差异较大。审计质量的均值为0.95，说明样本企业获得标准无保留意见的审计报告比例很高。

表 7－2 全样本描述性统计

变量	样本量	均值	中位数	最大值	最小值	标准差
DM1	10292	0.100	0.020	0.650	0	0.150
DM2	10292	0.240	0.130	1	0	0.280

续表

变量	样本量	均值	中位数	最大值	最小值	标准差
MP	10292	0.040	0.044	0.049	0.020	1.020
DA1	10292	0.090	0.040	1.110	0	0.140
DA2	10292	0.090	0.040	1.110	0	0.140
DA3	10292	0.090	0.040	1.160	0	0.130
Size	10292	21.98	21.87	25.74	18.96	1.310
ROA	10292	0.060	0.053	0.311	-0.200	7.180
Lev	10292	0.500	0.500	1.190	0.070	0.220
CFO	10292	18.89	18.95	23.04	15.01	1.590
AM	10292	0.040	0.020	0.340	0	0.060
Revrate	10292	12.51	8.570	202.5	-64.80	35.10
TQ	10292	2.090	1.440	13.42	0.200	2.120
Curr	10292	4.270	1.670	97.79	0.210	11.73
Taxrate	10292	0.170	0.160	0.830	-0.590	0.180
Audit	10292	0.950	1	1	0	0.210
State	10292	0.590	1	1	0	0.490

表 7-3 是按会计信息质量高低进行分组来描述债务期限结构。为了检验会计信息质量的高低是否会影响企业的债务期限选择，对企业的债务期限产生影响，本章将大于均值的操控性应计利润记作低会计信息质量组，将小于均值的操控性应计利润记作高会计信息质量组，从表 7-3 中可以看出，企业的债务期限随着会计信息质量的提高而加长，在会计信息质量低的样本组中，长期借款占总债务的比例仅为 9%，长期借款占总银行借款的比例为 23%，而在会计信息质量高的样本组中，长期借款占总债务的比例为 11%，长期借款占总银行借款的比例 26%，该描述统计结果说明了高会计信息质量的企业更容易从银行或金融机构借入长期款项，而低会计信息质量的企业难以获得长期借款，企业更加依赖于短期债务。

表 7－3　　按会计信息质量的高低分组描述债务期限结构

解释变量	因变量	均值	最大值	最小值	标准差
会计信息低质量组（DA1）	DM1	0.09	0.65	0	0.15
	DM2	0.23	1	0	0.28
会计信息高质量组（DA1）	DM1	0.11	0.65	0	0.15
	DM2	0.26	1	0	0.28
会计信息低质量组（DA2）	DM1	0.09	0.65	0	0.15
	DM2	0.23	1	0	0.28
会计信息高质量组（DA2）	DM1	0.11	0.65	0	0.15
	DM2	0.26	1	0	0.28
会计信息低质量组（DA3）	DM1	0.09	0.65	0	0.15
	DM2	0.23	1	0	0.28
会计信息高质量组（DA3）	DM1	0.11	0.65	0	0.15
	DM2	0.26	1	0	0.28

表 7－4 是按货币政策的松紧程度分组来描述债务的期限结构。货币政策的松紧程度的界定仍采用上海银行间同业拆借利率的一年期贷款利率的平均值，如果一年期贷款利率高于均值的定义为紧缩的货币政策期间，一年期贷款利率低于均值的定义为宽松的货币政策期间。在宽松的货币政策期间长期借款占全部债务的比例均值为 10%，长期借款占全部银行借款的比例均值为 26%，在紧缩的货币政策期间长期借款占全部债务的比例均值为 9%，长期借款占全部银行借款的比例均值为 24%，从均值上看货币政策的松紧程度对于企业的债务期限是有影响的，但是两者的绝对差异不大，为了验证货币政策对于企业债务期限是否有显著影响，在表 7－5 中，对不同货币政策期间债务期限结构进行了单变量 T 检验，通过检验长期借款占全部债务比例的均值发现，在货币政策宽松和紧缩期间均值差 0.007，而且在 5% 水平上显著，通过对比长期借款占银行全部借款的比例均值，发现货币政策紧缩时期的长期借款占全部银行借款的比例比货币政策宽

松时期低 0.02，而且在 1% 水平上显著。通过上述检验初步验证了货币政策对债务期限的影响。

表 7-4 按货币政策的松紧程度分组描述债务期限结构

解释变量	因变量	均值	标准差	最小值	最大值
宽松货币政策期间	DM1	0.10	0.15	0.00	0.65
	DM2	0.26	0.29	0.00	1.00
紧缩货币政策期间	DM1	0.09	0.14	0.00	0.65
	DM2	0.24	0.28	0.00	1.00

表 7-5 不同货币政策期间债务期限结构的单变量 T 检验

因变量	宽松货币政策期间	紧缩货币政策期间	
	均值	均值	均值差异
DM1	0.105	0.097	0.007**
DM2	0.257	0.236	0.020***

注：*** 表示在 1% 水平上显著。

7.3.2 相关性分析

表 7-6 列示了债务期限结构与解释变量货币政策及主要控制变量之间的相关系数关系，以表 7-6 中可以看出，企业的债务期限结构（长期借款占总债务比和长期借款占全部银行借款的比）与货币政策变量呈负相关关系，其中长期借款占全部债务的债务期限结构代理变量与货币政策代理变量的相关系数为 -0.041，且在 1% 水平上显著相关，长期借款占全部银行借款的债务期限结构代理变量与货币政策代理变量的相关系数为 -0.037，也在 1% 水平上显著相关，该结果初步证明了货币政策代理变量上海银行间同业拆借利率越大，货币政策越紧缩，企业的债务期限结构越短。债务期限结构代理变量与会计信息质量代理变量的相关系数分别均为负，且在 1% 水平上显著，说明随着操纵性利润越大，企业与银行之间的信息不对称程度越

表 7 – 6 相关性分析

	DM1	DM2	MP	DA1	DA2	DA3	Size	ROA	Lev	CFO	AM	Revrate	TQ	Curr	Taxrate	Audit	State
DM1	1																
DM2	0.812 ***	1															
MP	-0.041 ***	-0.037 ***	1														
DA1	-0.070 ***	-0.067 ***	-0.163 ***	1													
DA2	-0.070 ***	-0.067 ***	-0.163 ***	0.997 ***	1												
DA3	-0.070 ***	-0.067 ***	-0.160 ***	0.964 ***	0.962 ***	1											
Size	0.323 ***	0.312 ***	0.119 ***	-0.321 ***	-0.321 ***	-0.309 ***	1										
ROA	0.045 ***	0.031 ***	-0.031 ***	0.021 **	0.021 **	0.035 ***	0.087 ***	1									
Lev	0.242 ***	0.126 ***	-0.005	-0.009	-0.008	-0.034 ***	0.259 ***	-0.325 ***	1								
CFO	0.126 ***	0.161 ***	0.008	0.148 ***	0.148 ***	0.168 ***	0.570 ***	0.311 ***	0.040 ***	1							
AM	0.303 ***	0.210 ***	0.046 ***	0.002	0.001	0.004	0.180 ***	-0.029 ***	0.046 ***	0.042 ***	1						
Revrate	0.052 ***	0.072 ***	-0.053 ***	0.058 ***	0.057 ***	0.065 ***	0.039 ***	0.263 ***	0.012	0.094 ***	-0.026 ***	1					
TQ	-0.252 ***	-0.172 ***	-0.211 ***	0.216 ***	0.216 ***	0.203 ***	-0.510 ***	0.163 ***	-0.265 ***	-0.146 ***	-0.132 ***	0.024 **	1				
Curr	0.012	0.044 ***	0.012	0.004	0.005	0.006	0.026 ***	0.086 ***	-0.118 ***	0.072 ***	-0.062 ***	0.012	0.058 ***	1			
Taxrate	0.043 ***	0.070 ***	0.031 ***	-0.091 ***	-0.090 ***	-0.083 ***	0.139 ***	0.155 ***	0.015	0.005	-0.009	0.060 ***	-0.115 ***	0.031 ***	1		
Audit	0.066 ***	0.069 ***	0.026 ***	-0.152 ***	-0.152 ***	-0.114 ***	0.206 ***	0.232 ***	-0.288 ***	0.103 ***	0.017 *	0.075 ***	-0.210 ***	0.050 ***	0.116 ***	1	
State	0.162 ***	0.173 ***	-0.004	-0.110 ***	-0.111 ***	-0.112 ***	0.312 ***	-0.054 ***	0.140 ***	0.111 ***	0.080 ***	-0.058 ***	-0.222 ***	-0.023 **	0.058 ***	0.055 ***	1

注：***、**、*分别表示在 1%、5%、10% 水平上显著。

高，会计信息质量越低，企业的债务期限结构越短。仅仅通过单变量间相关系数的检验只能初步看出变量之间的基本关系，为了证明本章假设，还需要进一步应用面板数据进行多元回归分析。

7.3.3 回归分析

（1）货币政策与债务期限的回归分析。

为了考察货币政策的波动对于债务期限结构的影响，本章应用分年度分行业的稳健回归方法。在长期借款占总债务模型中，货币政策变量的系数为 -0.012，而且在 1% 水平上显著，说明了当银行同业间的拆借利率上升时，银行的流动性开始紧缩，银行通过缩减贷款期限的方式来调节自身的流动性，降低银行的流动性风险，当企业的主要债务提供方即银行缩短贷款期限时，企业的整体债务期限也会变短，即证明了假设 H7 -1，在紧缩的货币政策时期，企业的债务期限会显著缩短。在长期借款占总银行借款的模型中，货币政策变量的系数为 -0.016，也在 1% 水平上显著，结论与长期借款占总债务的模型一致（见表 7 -7）。公司资产规模与债务期限在 1% 水平上显著正相关，与代理理论结论一致，规模大的公司其代理成本较低，因此企业的债务期限相对规模小的公司更长。企业的资产负债率和流动比率都与债务期限呈正相关关系，说明了当企业流动性风险增加时企业通常会利用长期债务进行债务融资，以此来降低企业的清算风险和破产风险。企业的资产期限与债务期限正相关，且在 1% 水平上显著，说明了企业的在建工程越多所需的长期债务越多，在建工程与债务期限呈正相关关系与债务期限匹配理论吻合。成长机会与企业的债务期限呈反向相关，成长机会更大的企业，为了避免投资不足和资产替代等问题而采用短期债务，成长机会与债务期限之间的反向关系与代理成本理论一致。企业的经营活动现金流与债务期限呈反向关系，说明了当企业拥有较多的现金流时，为了抑制企业管理者出现过度投资的可能，降低债权人的风险，企业的短期债务会增加。企业的税费与债务期限之间呈正相关关系。企业的审计质量越高债务期限越长，说明了审计质量传递了企业信息质量较高的信号，长期债务获得能力提升。企业的所有权性质表明，相对于非国有企业来说，国有企业更容易具有较长的债务期限。

表 7－7　　货币政策与债务期限结构的回归结果

变量	DM1	DM2
MP	－0.012*** (－6.21)	－0.016*** (－3.81)
Size	0.026*** (14.41)	0.052*** (12.97)
ROA	0.001 (1.40)	0.001 (0.72)
Lev	0.081*** (11.51)	0.006 (0.32)
CFO	－0.009*** (－7.91)	－0.010*** (－3.95)
AM	0.530*** (16.14)	0.830*** (14.92)
Revrate	0.001*** (3.17)	0.001*** (3.52)
TQ	－0.003*** (－4.20)	－0.004 (－1.40)
Curr	0.001* (1.65)	0.001** (2.46)
Taxrate	0.014* (1.67)	0.007 (0.38)
Audit	0.036*** (4.55)	0.014 (0.68)
State	0.006** (2.06)	0.023*** (3.63)
cons	－0.325*** (－9.83)	－0.779*** (－10.05)
Industry	控制	控制
Year	控制	控制
样本量	10292	10292
Adj R^2	0.348	0.248

注：***、**、*分别表示在1%、5%、10%水平上显著，括号中为t值。

（2）货币政策、会计信息质量与债务期限结构的回归分析。

宏观的货币政策变动会对企业的债务期限结构产生影响，那么信息不对称程度有差异的企业在货币政策与债务融资期限上是否会不同。为了检验该差异，本章将会计信息质量代理变量按均值分组，分成高会计信息质量组和低会计信息质量组，分别做回归分析。表 7－8 列示了在不同会计信息质量下，货币政策对长期借款占总债务的影响。表 7－9 列示了在不同会计信息质量下，货币政策对长期借款占总银行借款的影响。

表 7－8　　按会计信息质量分组回归货币政策与债务期限结构（DM1）的结果

变量	高会计信息质量组（DA1）	低会计信息质量组（DA1）	高会计信息质量组（DA2）	低会计信息质量组（DA2）	高会计信息质量组（DA3）	低会计信息质量组（DA3）
MP	－0.011*** （－4.28）	－0.018*** （－6.49）	－0.011*** （－4.52）	－0.018*** （－6.24）	－0.011*** （－4.19）	－0.019*** （－6.59）
Size	0.017*** （5.97）	0.025*** （10.54）	0.018*** （6.15）	0.025*** （10.31）	0.014*** （5.16）	0.026*** （10.70）
ROA	0.001 （0.58）	0.001*** （2.96）	0.001 （0.65）	0.001*** （2.99）	0.001 （0.55）	0.001*** （2.68）
Lev	0.158*** （12.19）	0.084*** （8.93）	0.161*** （12.48）	0.080*** （8.50）	0.155*** （12.26）	0.088*** （9.19）
CFO	－0.004* （－1.81）	－0.001 （－0.01）	－0.004* （－1.74）	－0.001 （－0.13）	－0.001 （－0.37）	－0.001 （－1.02）
AM	0.605*** （13.40）	0.633*** （13.97）	0.602*** （13.35）	0.636*** （14.05）	0.634*** （13.70）	0.611*** （13.83）
Revrate	0.001*** （2.77）	0.001** （2.49）	0.001*** （3.00）	0.001** （2.29）	0.001*** （2.83）	0.001** （2.34）
TQ	－0.007*** （－6.69）	－0.005*** （－6.25）	－0.007*** （－6.46）	－0.005*** （－6.48）	－0.007*** （－6.67）	－0.005*** （－6.17）
Curr	0.001*** （2.82）	0.001 （0.88）	0.001*** （2.87）	0.001 （0.74）	0.001*** （3.06）	0.001 （0.66）
Taxrate	0.007 （0.46）	0.009 （0.76）	0.005 （0.35）	0.008 （0.68）	0.008 （0.62）	0.014 （1.12）

续表

变量	高会计信息质量组（DA1）	低会计信息质量组（DA1）	高会计信息质量组（DA2）	低会计信息质量组（DA2）	高会计信息质量组（DA3）	低会计信息质量组（DA3）
Audit	0.046*** (3.32)	0.020** (2.01)	0.047*** (3.37)	0.019** (1.99)	0.036** (2.46)	0.024** (2.41)
State	0.026*** (6.38)	0.007* (1.74)	0.024*** (6.05)	0.009** (2.10)	0.022*** (5.37)	0.011*** (2.66)
cons	-0.308*** (-6.49)	-0.486*** (-10.40)	-0.324*** (-6.90)	-0.469*** (-10.04)	-0.291*** (-6.14)	-0.482*** (-10.39)
Industry	控制	控制	控制	控制	控制	控制
Year	控制	控制	控制	控制	控制	控制
样本量	4856	5436	4946	5346	4954	5338
Adj R^2	0.197	0.218	0.202	0.214	0.193	0.219

注：***、**、*分别表示在1%、5%、10%水平上显著，括号中为t值。

从表7-8中可以看出，无论是在会计信息质量高组还是在会计信息质量低组，当银行间同业拆借利率上升时，企业的长期借款占总债务的比例都呈显著下降趋势，但是在会计信息质量高的组，当银行间同业拆借利率上升1个百分点时，长期借款占总债务比例下降1.1%，而在会计信息质量低的组中，当银行间同业拆借利率上升1个百分点时，长期借款占总债务比例下降1.8%。从表7-9中可以看出，无论是在会计信息质量高组还是在会计信息质量低组，当银行间同业拆借利率上升时，企业的长期借款占全部银行借款的比例都呈显著下降趋势，但是在会计信息质量高的组，当银行间同业拆借利率上升1个百分点时，长期借款占全部银行借款比例下降1.3%，而在会计信息质量低的组中，当银行间同业拆借利率上升1个百分点时，长期借款占全部银行借款比例下降近2%。会计信息质量的提高有利于缓解货币政策对于企业债务期限的冲击，说明当外部宏观货币政策发生变动时，个体企业的财务决策必然受到影响，但是由于企业自身的特征尤其是信息质量的不同，会给企业的债务决策带来不同的影响。较低的信息不对称程度会降低银行的信息风险，在央行实行紧缩货币政策时，银行的信贷数量会下降，银行通过缩短贷款期限来调节其流动性风险，但是在发放长期款项时，银行会首先选择将款项借给那些信息不对称程度较低、会计信息质量高的企业。证明了假设 H7－2。

表 7－9　　按会计信息质量分组回归货币政策与债务期限结构（DM2）的结果

变量	高会计信息质量组（DA1）	低会计信息质量组（DA1）	高会计信息质量组（DA2）	低会计信息质量组（DA2）	高会计信息质量组（DA3）	低会计信息质量组（DA3）
MP	－0.013 ** （－2.55）	－0.020 *** （－4.76）	－0.014 *** （－2.72）	－0.019 *** （－4.56）	－0.014 *** （－3.12）	－0.019 *** （－4.48）
Size	0.044 *** （7.23）	0.059 *** （11.43）	0.045 *** （7.35）	0.058 *** （11.22）	0.040 *** （6.80）	0.059 *** （11.54）
ROA	0.002 （1.27）	0.001 （0.80）	0.002 （1.26）	0.001 （0.92）	0.002 （1.29）	0.001 （0.80）
Lev	0.148 *** （4.80）	0.025 （0.91）	0.152 *** （4.94）	0.020 （0.73）	0.142 *** （4.63）	0.034 （1.22）
CFO	－0.002 （－0.36）	－0.001 （－0.39）	－0.003 （－0.69）	－0.001 （－0.00）	－0.005 （－1.17）	－0.001 （－0.29）
AM	0.787 *** （10.84）	0.811 *** （10.83）	0.791 *** （10.87）	0.806 *** （10.78）	0.814 *** （10.90）	0.796 *** （10.86）
Revrate	0.001 *** （3.67）	0.001 ** （2.53）	0.001 *** （3.61）	0.001 *** （2.58）	0.001 *** （3.47）	0.001 *** （2.63）
TQ	－0.006 （－1.43）	－0.001 （－0.14）	－0.005 （－1.21）	－0.001 （－0.33）	－0.006 （－1.53）	－0.001 （－0.18）
Curr	0.002 *** （3.37）	0.001 （1.60）	0.002 *** （3.39）	0.001 （1.55）	0.002 *** （3.90）	0.001 （1.04）
Taxrate	0.047 * （1.74）	0.051 ** （2.08）	0.043 （1.64）	0.059 ** （2.31）	0.050 * （1.92）	0.051 ** （2.01）
Audit	0.102 *** （3.58）	－0.026 （－0.97）	0.108 *** （3.78）	－0.027 （－1.02）	0.087 *** （2.90）	－0.025 （－0.88）
State	0.068 *** （7.48）	0.040 *** （4.17）	0.067 *** （7.41）	0.042 *** （4.28）	0.062 *** （6.87）	0.046 *** （4.76）

续表

变量	高会计信息质量组(DA1)	低会计信息质量组(DA1)	高会计信息质量组(DA2)	低会计信息质量组(DA2)	高会计信息质量组(DA3)	低会计信息质量组(DA3)
cons	-0.961*** (-9.96)	-1.054*** (-10.35)	-1.011*** (-10.56)	-1.003*** (-9.89)	-0.916*** (-9.42)	-1.035*** (-10.18)
Industry	控制	控制	控制	控制	控制	控制
Year	控制	控制	控制	控制	控制	控制
样本量	4856	5436	4946	5346	4954	5338
Adj R^2	0.140	0.138	0.145	0.133	0.136	0.139

注：***、**、*分别表示在1%、5%、10%水平上显著，括号中为t值。

7.4 进一步分析

货币政策是否有效，不仅仅要取决于货币政策本身的传导机制，还有受到环境和制度的影响，我国正处于转型发展时期，政府对于经济存在着一定的干预，宏观货币政策的调控结果如何会受到政府的干预和预算软约束。政府会对国有企业提供必要的财政补贴，国有企业在税收、股权融资申请等方面都较非国有企业具有优势，而且当国有企业在发生财务困境时，政府会从财政和税收等方面帮助其渡过难关，降低了国有企业破产风险。Allen等（2005）研究发现，政府不仅仅通过预算软约束对国有企业实行帮助，而且还通过政府干预金融资源的分配对国有企业融资给予照顾。陆正飞等（2009）、饶品贵和姜国华（2011）都发现了货币政策对企业债务资源配置的影响会因产权差异而存在不同，货币政策对于非国有企业的冲击很大，而对国有企业的影响相对就要小很多。商业银行在货币政策紧缩时为了降低自身的风险，会通过缩短贷款期限来达到控制风险的目的，而国有企业由于有政府做担保，发生债务违约的可能性相对较低，从而使得国有企业更容易获得长期贷款。

表 7 - 10 是按照产权性质进行分组回归货币政策对于债务期限的影响，当货币政策紧缩时，无论是何种产权性质的企业，长期借款占总债务的比例都显著下降，但是在国有样本组中，当银行间同业拆借利率上升 1 个百分点时，长期借款占总债务比例下降 1%，长期借款占全部银行借款的比例下降 1.1%，而在非国有样本组中，当银行间同业拆借利率上升 1 个百分点时，长期借款占总债务比例下降 1.9%，长期借款占全部银行借款的比例下降 1.8%，非国有企业样本长期借款占总债务比和长期借款占全部银行借款比下降的幅度均高于国有企业，在紧缩货币政策情况下，非国有企业受到的信贷配给程度更高，债务融资约束会更高，因此，非国有企业很难足额获得银行信贷，其中获得长期贷款的能力更弱。但是因为国有企业拥有政府的隐性担保，债务期限结构明显高于非国有企业。

表 7 - 10　按产权分组回归货币政策与债务期限结构的结果

变量	非国有样本组 DM1	国有样本组 DM1	非国有样本组 DM2	国有样本组 DM2
MP	-0.019*** (-6.25)	-0.010*** (-4.97)	-0.018*** (-4.28)	-0.011*** (-3.20)
Size	0.017*** (7.13)	0.019*** (8.79)	0.048*** (9.88)	0.047*** (8.56)
ROA	0.001 (0.94)	0.001 (0.96)	0.001 (0.04)	0.002* (1.81)
Lev	0.139*** (11.73)	0.086*** (9.44)	0.099*** (3.45)	0.067** (2.44)
CFO	-0.002 (-1.34)	-0.006*** (-3.60)	-0.005 (-1.60)	-0.005 (-1.24)
AM	0.742*** (18.27)	0.403*** (7.99)	1.007*** (15.89)	0.426*** (4.65)
Revrate	0.001*** (2.64)	0.001** (2.56)	0.001*** (3.84)	0.001** (2.28)
TQ	-0.012*** (-10.58)	-0.004*** (-5.07)	-0.007* (-1.67)	-0.002 (-0.50)

续表

变量	非国有样本组 DM1	国有样本组 DM1	非国有样本组 DM2	国有样本组 DM2
Curr	0.001 (1.55)	0.001** (2.27)	0.001** (2.24)	0.002*** (2.90)
Taxrate	0.010 (0.78)	0.020* (1.72)	0.018 (0.75)	0.101*** (3.50)
Audit	0.053*** (4.73)	0.019* (1.74)	0.054** (2.04)	0.013 (0.39)
cons	-0.378*** (-9.17)	-0.268*** (-5.76)	-0.965*** (-11.35)	-0.736*** (-6.35)
Industry	控制	控制	控制	控制
Year	控制	控制	控制	控制
样本量	4228	6064	4228	6064
Adj R^2	0.220	0.136	0.146	0.165

注：***、**、*分别表示在1%、5%、10%水平上显著，括号中为t值。

7.5 稳健性检验

（1）使用银行信贷规模（Loan）作为货币政策的代理变量。

为了保证检验结果的稳健性，检验货币政策的信贷传导机制的微观效应，本章采用银行信贷规模作为货币政策的代理变量。货币政策的信贷传导机制研究表明，货币政策可以通过调节货币供应量来影响实体经济，当市场货币供应量比较充足时，银行的可供贷款数量就比较多，银行的流动性会大大提升，银行发放长期贷款的能力和意愿都会加强。表7-11显示，当商业银行的货币供应量充足时，长期借款占总债务的比例和长期借款占银行借款的比例都显著上升，该结果从货币供应量的角度说明了在货币政策宽松时期企业的债务期限结构会更长，也进一步证明了货币政策银行信贷传导机制在微观企业的传导作用。

表 7 - 11　　稳健性检验一

变量	DM1	DM2
Loan	0. 002 *** (2. 66)	0. 001 * (1. 76)
Size	0. 026 *** (14. 41)	0. 052 *** (12. 97)
ROA	0. 001 (1. 40)	0. 001 (0. 72)
Lev	0. 081 *** (11. 51)	-0. 006 (-0. 32)
CFO	-0. 009 *** (-7. 91)	-0. 010 *** (-3. 95)
AM	0. 530 *** (16. 14)	0. 830 *** (14. 92)
Revrate	0. 001 *** (3. 17)	0. 001 *** (3. 52)
TQ	-0. 003 *** (-4. 20)	0. 004 (1. 40)
Curr	0. 001 * (1. 65)	0. 001 ** (2. 45)
Taxrate	0. 014 * (1. 67)	0. 007 (0. 38)
Audit	0. 036 *** (4. 55)	0. 014 (0. 68)
State	0. 006 ** (2. 06)	0. 023 *** (3. 63)
cons	-0. 355 *** (-11. 64)	-0. 848 *** (-11. 77)
Industry	控制	控制
Year	控制	控制
样本量	9505	9505
Adj R^2	0. 348	0. 248

注：***、**、* 分别表示在 1%、5%、10% 水平上显著，括号中为 t 值。

（2）使用DD模型计算会计信息质量。

为了验证会计信息质量的调节作用，采用DD模型计算会计信息质量，本章将会计信息质量代理变量按均值分组，分成高会计信息质量组和低会计信息质量组，分别做回归分析。表7－12列示了货币政策与会计信息质量对债务期限的影响。从表7－12中可以看出，当在不同会计信息质量下，银行间同业拆借利率上升时企业的债务期限结构都会显著下降，但是在高会计信息质量组中，当银行间同业拆借利率上升1个百分点时，长期借款占总债务比例下降0.9%，长期借款占全部银行借款比例下降1.2%，而在低会计信息质量组中，当同业拆借利率上升1个百分点时，长期借款占总债务比例下降1.8%个点，长期借款占全部银行借款比例下降2.2%，高会计信息质量能够减少银行与企业之间的信息不对称程度。从不同会计信息质量的角度进一步证明了假设H7－2。

表7－12　　　　稳健性检验二

变量	高会计信息质量组（DM1）	低会计信息质量组（DM1）	高会计信息质量组（DM2）	低会计信息质量组（DM2）
MP	－0.009*** （－3.55）	－0.018*** （－7.26）	－0.012** （－2.41）	－0.022*** （－5.08）
Size	0.026*** （8.02）	0.018*** （9.29）	0.050*** （7.39）	0.051*** （11.97）
ROA	0.001** （2.38）	0.001 （0.30）	0.003** （2.56）	0.001 （0.09）
Lev	0.113*** （8.67）	0.116*** （12.27）	0.069** （2.08）	0.095*** （3.73）
CFO	0.002 （1.16）	－0.003** （－1.97）	0.008* （1.89）	－0.002 （－0.65）
AM	0.657*** （12.43）	0.598*** （15.08）	0.743*** （9.15）	0.833*** （12.30）
Revrate	0.001** （2.53）	0.001*** （2.69）	0.001*** （3.44）	0.001*** （2.77）

续表

变量	高会计信息质量组（DM1）	低会计信息质量组（DM1）	高会计信息质量组（DM2）	低会计信息质量组（DM2）
TQ	-0.004*** (-3.07)	-0.007*** (-9.08)	-0.006 (-1.51)	-0.003 (-0.85)
Curr	0.001* (1.68)	0.001* (1.95)	0.002** (2.16)	0.001*** (2.79)
Taxrate	-0.018 (-1.27)	0.021* (1.75)	0.015 (0.58)	0.082*** (3.11)
Audit	0.034*** (2.80)	0.031*** (2.91)	0.027 (0.91)	0.005 (0.16)
State	0.020*** (3.67)	0.016*** (4.61)	0.054*** (4.65)	0.056*** (6.93)
cons	-0.603*** (-9.77)	-0.300*** (-8.24)	-1.077*** (-9.09)	-0.889*** (-10.75)
Industry	控制	控制	控制	控制
Year	控制	控制	控制	控制
样本量	4625	4880	4625	4880
Adj R^2	0.240	0.187	0.157	0.130

注：***、**、*分别表示在1%、5%、10%水平上显著，括号中为t值。

（3）应用信息披露质量作为会计信息质量。

深圳证券交易所在每年年末对其上市公司的信息披露情况进行考核打分，该考核主要评价企业信息披露的及时性、准确性、完整性、合法性，上市公司的基本财务信息、非财务信息、官方强制披露的信息和企业自愿披露的信息都作为考核评价的内容。本章应用信息披露质量作为会计信息质量的另一个代理变量，一方面是因为应用官方机构提供的考核结果作为会计信息质量具有很强的权威性；另一方面是因为从披露的视角研究会计信息质量的作用，可以全面而系统地检验会计信息质量的经济后果。

本章应用深交所2007～2015年上市公司的样本数据，将深交所披露的信息质量分成四组，将评价结果为优秀的定义为会计信息质量最高组，将评价结果为良好的定义会计信息质量高组，将评价结果为合格定义为会计信息质量低组，将评价结果为不合格定义为会计信息质量最低组，在每一组里分别做回归分析。表 7－13 列示了在不同会计信息质量下，货币政策对长期借款占总债务的影响。表 7－14 列示了在不同会计信息质量下，货币政策对长期借款占总银行借款的影响。

表 7－13　　稳健性检验三

变量	会计信息质量最高	会计信息质量高	会计信息质量低	会计信息质量最低
MP	－0.004*** (－3.61)	－0.009*** (－3.83)	－0.017*** (－3.20)	－0.023*** (－4.52)
Size	0.023* (1.94)	0.033*** (6.02)	0.022*** (7.92)	0.016*** (2.71)
Lev	0.054* (1.70)	0.092*** (4.78)	0.143*** (10.97)	0.161*** (5.43)
CFO	－0.014** (－2.62)	－0.007** (－2.33)	－0.003* (－1.91)	－0.004 (－0.83)
AM	0.501*** (3.09)	0.544*** (4.65)	0.550*** (11.25)	0.474*** (4.82)
TQ	－0.001** (－2.02)	－0.002 (－1.63)	－0.004*** (－3.83)	－0.011*** (－4.31)
Curr	0.001 (0.69)	0.001 (0.26)	0.001** (2.45)	0.001* (1.77)
Taxrate	0.070 (1.54)	0.039** (2.05)	0.005 (0.36)	0.053 (0.89)
Audit	0.027*** (3.47)	0.010 (0.47)	0.048*** (3.44)	0.027 (1.05)
State	0.027 (1.02)	0.001 (0.12)	0.017*** (3.87)	0.031*** (3.72)
cons	－0.230 (－0.86)	－0.492*** (－4.20)	－0.551*** (－9.90)	－0.215** (－2.11)
Industry	控制	控制	控制	控制
Year	控制	控制	控制	控制

续表

变量	会计信息质量最高	会计信息质量高	会计信息质量低	会计信息质量最低
样本量	933	3399	750	82
Adj R^2	0. 190	0. 181	0. 217	0. 216

注：***、**、*分别表示在 1%、5%、10%水平上显著，括号中为 t 值。

表 7－14　　　　稳健性检验四

变量	会计信息质量最高	会计信息质量高	会计信息质量低	会计信息质量最低
MP	－0. 012** （－2. 37）	－0. 016** （－2. 45）	－0. 024*** （－2. 70）	－0. 032*** （－2. 86）
Size	0. 020*** （4. 38）	0. 056*** （4. 45）	0. 059*** （9. 61）	0. 062*** （4. 28）
Lev	0. 165** （2. 01）	0. 071 （1. 16）	0. 077** （2. 19）	0. 193** （2. 49）
CFO	－0. 023 （－1. 05）	－0. 005 （－0. 63）	0. 003 （0. 80）	－0. 004 （－0. 42）
AM	0. 606*** （4. 01）	0. 602*** （3. 39）	0. 612*** （7. 51）	0. 640*** （3. 78）
TQ	－0. 002 （－0. 09）	－0. 007 （－1. 05）	－0. 001 （－0. 12）	－0. 014** （－2. 04）
Curr	0. 001** （2. 25）	0. 002 （1. 14）	0. 002*** （2. 79）	0. 003 （1. 60）
Taxrate	0. 158* （1. 89）	0. 029 （0. 68）	0. 056* （1. 91）	0. 183* （1. 79）
Audit	－0. 013 （－0. 16）	－0. 005 （－0. 10）	－0. 049 （－0. 76）	－0. 050 （－0. 68）
State	0. 001 （0. 01）	0. 051** （2. 35）	0. 040*** （3. 83）	0. 120*** （5. 64）
cons	－0. 032 （－0. 03）	－0. 947*** （－3. 58）	－1. 108*** （－8. 23）	－1. 084*** （－4. 93）
Industry	控制	控制	控制	控制
Year	控制	控制	控制	控制
样本量	933	3399	750	82
Adj R^2	－0. 188	0. 1720	0. 210	0. 298

注：***、**、*分别表示在 1%、5%、10%水平上显著，括号中为 t 值。

在表 7－13 中可以看出，无论是在会计信息质量高组还是在会计信息质量低组，当银行间同业拆借利率上升时，企业的长期借款占总债务的比例都呈显著下降趋势，但是在会计信息质量最高的组，当银行间同业拆借利率上升 1 个百分点时，长期借款占总债务比例下降 0.4%，而在会计信息质量最低的组中，当银行间同业拆借利率上升 1 个百分点时，长期借款占总债务比例下降 2.3%。从表 7－14 中可以看出，无论是在会计信息质量高组还是在会计信息质量低组，当银行间同业拆借利率上升时，企业的长期借款占全部银行借款的比例都呈显著下降趋势，但是在会计信息质量高的组，当银行间同业拆借利率上升 1 个百分点时，长期借款占全部银行借款比例下降 1.2%，而在会计信息质量低的组中，当银行间同业拆借利率上升 1 个百分点时，长期借款占全部银行借款比例下降 3.2%。货币政策对于企业债务期限的影响会随着会计信息质量的提高而变小，说明当外部宏观货币政策发生变动时，个体企业的财务决策必然受到影响，但是由于企业自身的特征尤其是信息质量的不同，会给企业的债务决策带来不同的影响。从信息披露角度进一步证明了会计信息质量在货币政策影响债务期限中的调节作用。

7.6　本章小结

本章应用上市公司样本数据，研究了外部宏观货币政策的波动对于企业债务期限结构的影响，以及会计信息质量对于货币政策与债务期限结构的调节作用。首先检验了货币政策的波动对于债务期限结构的直接影响，当央行实施紧缩的货币政策时，银行间同业拆借利率上升，银行自身的流动性下降，为了提高银行的流动性，银行会缩短贷款期限进而导致企业其债务期限缩短。其次，依据会计信息质量的不同分成 2 个小样本组，分别检验了在会计信息质量不同样本中，货币政策对于债务期限的影响，研究结果表明，在会计信息质量低的样本组中，当货币政策趋紧时，企业的债务期限缩短的程度更大。企业的会计信息质量对于货币政策与债务期限结构的影响具有一定的调节作用。为了验证产权差异是否会影响货币政策与债务期限结构之间的关系，本章最后将样本企业分成国有企业组和非国有企业组，统计结果表明，在紧缩货币政策期间国有企业的债务期限结构比非国有企业的债务期限结构缩短的程度要小，说明了产权制度会影响货币政策与债务期限结构之间的关系。

第8章　结论、政策建议与未来展望

本章对前面理论分析、制度背景剖析与实证检验方面的主要研究内容进行归纳总结，并根据研究结论提出针对我国货币政策改革、会计信息生成与披露等方面的政策建议，最后，剖析本书存在的不足，指明未来的研究方向。

8.1 研究结论

本书从我国货币政策实践与债务市场特质出发，以货币政策传导机制理论、信贷配给理论、信息不对称理论和债务契约理论为基础，从债务规模调整、债务融资方式和债务期限结构视角考察宏观货币政策动态调整的微观经济后果。本书采用上海银行间同业拆借利率动态指标作为货币政策的代理变量，检验货币政策的利率传导机制，在稳健性检验中，以银行信贷规模作为货币政策的代理变量检验货币政策的信贷传导机制，通过实证检验发现，我国的利率机制和信贷机制都能对企业的债务融资行为产生影响。本书从货币政策动态调整视角说明货币政策通过何种机制影响微观企业财务决策，进而影响到实体经济的发展，提供了货币政策变动的微观数据，同时为企业的财务决策提供宏观影响因素。本书采用规范研究与实证研究相结合的分析方法，综合理论分析和实证检验结果，得出如下主要研究结论：

第一，应用上海银行间同业拆借利率和银行贷款规模作为货币政策的代理变量，以2007～2015年A股上市公司为研究样本，从动态的视角研究货币政策波动对于债务规模调整的影响。通过企业的基本财务特征拟合出目标债务规模，然后构建扩展的债务规模调整模型。研究结果表明，我国的货币政策波动一方面可以通过利率渠道，另一方面也可以通过银行信贷渠道作用于微观经济主体的财务行为。在宽松的货币政策时期，商业银行的市场流动性加大，银行信贷规模增大时，银行的信贷配给程度较低，降低了企业的融资约束，企业债务规模的调整速度增加，当利率变量提高时，企业外部融资成本提高，企业债务规模调整的成本加大，企业的债务规模调整速度下降，宽松的货币政策和紧缩的货币政策对于企业债务规模的调整是非对称的。会计信息质量的提高可以降低信息不对称，降低企业与外部信息使用者之间的代理冲突，降低企业外部融资的成本。当企业面临外部融资环境的变化即货币政策的调整时，企业的外部融资约束增大，融资成本上升，但是企业可以利用提高会计信息质量的方式，来降低信息不对称程度，增大企业财务信息的透明度，降低企业融资成本和调整债务规模的成本。在货币政策变动时，提供高会计信息质量的企业比提供低会计信息质量的企业债务规模调整的速度要快。由于我国存在国有企业和非国有企业，两者经营行为和融资行为存在差异，研究发现国有企业对于货币政策变动敏感性较差，当货币政策变化时其债务规模调整程度不大。但是在非国有企业样本显示，当央行执行紧缩货币政策时，企业的债务规模调整速度下降。非国有企业债务规模调整的敏感性要强于国有企业。

第二，企业可以采用私有债务和公开债务融资的融资方式获得债务资本，具体采用何种方式进行融资，企业自身的财务特征还不能完全解释，因此，本书研究了在外部融资环境变化时，企业债务融资的方式变化。本书应用了既有银行借款又有公司债券的企业作为研究样本，将银行借款占总债务的比和公开债务占总债务的比作为债务融资方式的代理变量，通过建立计量模型检验当货币政策变动时，企业是否会从银行借贷融资方式转向发行公开债券融资方式。研究结果表明，当央行实施紧缩的货币政策时，银行间同业拆借利率上升，银行自身的流动性下降，银行对外提供的信贷数量下降，上市公司从银行等金融机构借入款项的难度加大，上市公司的私有债务融资占总债务比例开始下降，此时公开债务占总债务的比例开始上升，公开债券融资对于私有债务融资具有一定的替代效果。会计信息质量能够降低企业与债权人之间的信息不对称水平，在外部宏观货币政策变动的背景下，高会计信息质量的企业中，私有债务占总债务比例受到货币政策变动的冲击要小于低会计信息质量的企业，而且在高会计信息质量企业中，公开债务占总债务的比上升的程度要快于低会计信息质量组。不同产权性质的企业在外部宏观环境变动时，企业债务融资方式也会有不同，研究发现，在货币政策由宽松变为紧缩时，无论是国有企业还是非国有企业，私有债务融资占总债务的比例都会下降，但是非国有企业私有债务融资下降的程度要大于国有企业，非国有企业公开债务融资占总债务的比例上升的程度要高于国有企业，该研究结果进一步证明我国金融机构信贷歧视的存在，在货币政策紧缩期间，非国有企业从金融机构获得贷款的能力要更弱。在面临外部宏观货币政策变动时，企业自身的融资约束程度不同，也会影响企业债务的融资方式，企业的融资约束越大，货币政策的变动对于私有债务融资的影响越显著，公开债务对私有债务的替代效果也就越明显。

第三，本书以上市公司数据研究了外部宏观货币政策的波动对于企业债务期限结构的影响，以及会计信息质量对于货币政策与债务期限结构的调节作用。首先，分析出货币政策对于债务期限结构的影响机制，货币政策通过影响商业银行的信贷供给数量、商业银行的贷款期限以及银行的风险来影响企业获得债务的期限结构。其次，研究发现，当央行实施紧缩的货币政策时，银行间同业拆借利率上升，银行自身的流动性下降，银行信贷规模减小，银行会缩短贷款期限进而导致企业的债务期限缩短。再其次，在会计信息质量低的样本组中，当货币政策趋紧时，企业的债务期限缩短的程度更大。企业的会计信息质量对于货币政策与债务期限结构的影响具有一定的调节作用。最后，在货币政策紧缩时，国有企业的债务期限结构比非国有企业的债务期限结构缩短的程度要小，说明了即使在市场货币资金比较紧缺的状况下，国有企业在长期债务的获取上仍然比非国有企业具有优势，产权制度会影响货币政策对债务期限结构的调整。

8.2 政策建议

（1）充分考虑微观企业特质，制定有针对性的货币政策。

由于微观企业异质性的存在，货币政策的实施效果呈现出显著的差异性，在货币政策制定时要充分考虑货币政策对于个别企业财务行为的影响，灵活有针对性地制定相关政策。由于不同的企业其债务规模、融资约束、企业性质等方面存在差异，其对货币政策的反应存在差异，货币政策的传导程度存在非对称的效果。因此，中央银行等货币政策制定部门在利用货币政策调控经济时，要充分考虑不同行业企业之间的融资差异，近年来为了应对国际金融风险、稳定物价、刺激经济平稳发展，我国多次运用货币政策调控，本书的研究结果表明，宏观货币政策会对企业的债务融资产生具体的影响，货币政策会影响到企业债务规模的调整速度，企业债务融资的方式及其债务期限规模。每个企业的财务特征不同，所属行业不同，产权存在差异，对于银行依赖程度不同，资本市场上融资能力不同，在货币政策制定时不能一味追求经济总量的增长，还要考虑到不同行业不同企业的融资约束，考虑企业的投资行为，通过货币政策的调控达到宏观产业结构合理，微观企业健康发展，使得货币政策与实际情况更加匹配，达到货币政策的最终目标。

（2）深化银行体制改革，提高信贷资源配置效率。

我国企业的外部融资环境与西方国家相比有很大的差异，我国企业的融资渠道相对较窄，向银行借款是大部分企业的主要融资方式，因此银行信贷资源配置的效果如何将直接影响到企业的债务融资行为。我国正处在经济改革的转轨时期，银行体系也面临着较为复杂的市场环境，货币政策的频繁调整、地区市场化的发展程度、地方政府的干预、债权人保护的程度等都会对银行的信贷资源配置产生较大的影响，尤其是中央银行货币政策的调控会直接影响到商业银行的信贷规模和信贷成本以及信贷期限，因此要对商业银行进行体制改革，形成风险防范机制，提高银行的信息鉴别技术水平，提升银行的信息识别能力和对风险的管控能力，增强银行之间的竞争能力，改善银行的服务能力，加大银行利润约束机制，弱化政府的干预，更好更高效地为企业提供资金，将资金配置到发展前景好、收益率高的中小企业中，而不是将大部分资金配置到管理效率相对低下、收益效率并不高的企业，提高银行信贷资源的配置效率。

（3）加快资本市场建设，提升资源的有效配置。

资本市场是连接企业与投资人的桥梁，是我国市场经济健康有效发展的基础，是保证宏观货币政策财富渠道通畅的基石。政府部门一方面可以建立多层次的资本市场，不同企业的资产规模不同，企业特征不同，对于融资需求也存在着差异化，重点推进公司债券市场的建设，拓宽企业外部融资的渠道，从根本上改变以银行借贷为主的债务融资现象，发展债券市场可以增强企业债务融资的灵活性，改善企业股权融资偏好现象，建立多层次的资本市场有利于解决不同企业的融资需求，降低企业外部融资成本，减少企业资金负担，提高企业债务规模调整的速度，提升企业价值。另一方面可以改善法律制度环境，规范市场秩序，良好的法制环境是资本市场能持续健康发展的前提，也是投资者利益得到保障的前提条件，国家应该在进一步完善投资人和债权人保护相关法律的基础上，保障法律的有效执行，刺激和加快资本市场的发展，提高证券市场的运行效率，使得货币政策的传导渠道更加畅通，股票价格对货币政策具有敏感性，能够充分反映货币政策的意图，发挥 TQ 效应，起到有效配置资源的功能。

（4）不断提升会计信息质量。

会计信息是债权人了解企业生产经营状况、财务状况的重要手段，是债权人制订债务决策的主要依据，企业会计信息质量的高低直接决定了债权人债务决策的效率和债务风险。本书的实证研究证明，高质量的会计信息可以缓解企业与债权人之间的信息不对称程度，降低债权人的逆向选择风险和道德风险，在面临外部宏观货币政策变动时，高会计信息质量的企业受到的冲击要小于低会计信息质量的企业，会计信息质量的提高能够缓解货币政策紧缩对于企业债务融资的影响，该研究结论从外部宏观环境变动的视角进一步证明，会计信息质量的债务契约有用性，因此，一方面，会计准则制定部门在准则制定时要更加强调会计盈余质量、会计信息披露、会计信息透明的重要性，在准则的制定中要压缩会计政策选择空间，限制管理者对会计政策的自由选择权利，降低应计项目的盈余管理，规范企业会计信息的生成程序，执行更加有效的披露程序，加大对企业会计信息质量的监督和检查力度，提升企业的会计信息质量。另一方面，企业自身的管理者要认识到会计信息质量的重要性，要在国家会计制度允许的框架下建立自己企业的会计制度，建立内部控制制度，规范会计信息的生成过程，及时披露相关的会计信息，加大自愿信息披露程度，提升会计人员素质，提升本单位的会计信息质量。

（5）深化产权制度改革，建立公平市场环境。

从实证检验部分可以发现，我国的企业产权制度不同导致货币政策的微观传导效果存在差异性，货币政策在国有企业的传导机制不够通畅，市场资源配置不合理，企业受到的融资约束也不同。我国当前在经济转轨期间，企业存在不符合市场化的行为，而制度因素是企业不合理行为的主要原因。货币政策对于微观企业债务融资行为的影响在国有企业和非国有企业的差异性，主要是由于我国政府干预和预算软约束带来的，因此，为了使得货币政策的微观传导机制更加通畅，市场资源的合理配置，完善产权制度改革，转变政府职能，降低预算软约束的作用，加快公平市场环境建设成为当前改革的重要任务。产权制度改革是其他市场改革的基础，是公司治理的基石，如果不进行彻底的产权制度改革，仅仅进行市场化改革，很难对我国企业的公司治理结构及企业财务行为起到根本性的作用，外部宏观货币政策的调控作用也难以实现其最终的目标。深化国有企业改革，加快国有企业产权制度改革步伐，提高国有企业产权改革的效率，完善国有企业的利润约束机制和管理层的激励机制，减少对国有企业的预算软约束，营造公开公平的市场环境，为货币政策的微观传导机制提供良好的市场与制度环境。

8.3 研究的不足和展望

首先，数据收集和模型处理还存在一些不足，货币政策代理变量采用上海银行间同业拆借利率网中发布的一年期同业贷款利率手工收集，该网站提供日数据，本书采用加权平均的方法计算了年度加权利率，该计算方法理论上比较可行，但是该数据与企业面临的现实数据存在一定的差异，另外，该数据仅仅从 2007 年开始公布，缺少货币政策长期数据。今后随着时间的推移，随着我国利率市场化改革进程的不断深化，利率基准变量的生成机制和制度的不断完善，我国货币政策的代理变量将更加清晰可靠。

其次，在实证研究中可能还存在一定的内生性问题，在模型设定上可能存在某些既与企业的债务融资相关，又与货币政策有关但又被本书遗漏的变量，在模型处理上本书虽然采用自变量滞后一期以缓解模型中的内生性问题，但变量之间仍然会有一定的内生性现象存在，还需在以后的研究中进一步解决。在研究模型中，仍存在一些对货币政策和债务融资产生影响的变量没有控制分析，例如，我国各地区之间的经济发展水平、法制发展水平、债权人保护程度存在较大的差异，区域经营环境也会影响到货币政策的传导效果，影响货币政策对于微观企业债务融资的作用机制；不同的行业对于货币政策的反应并不同，国家经济政策支持的行业、对资本需求比较高的行业在货币政策变动时，会呈现出行业间的差异，以上问题都是今后继续研究的重点。

再其次，研究内容有待细化，本书在分析了货币政策对于微观企业债务融资行为中重点考虑了企业的会计信息质量和产权制度差异。但是除了会计信息质量和企业产权性质外，企业的公司治理水平及投资机会等异质性都会对货币政策与债务融资行为产生影响，为了更加全面检验货币政策对于微观企业债务融资的影响效果，加入更多企业异质性的特征将是未来研究方向。

最后，本书重点研究了宏观货币政策通过信贷渠道和利率渠道影响微观企业的债务融资行为，检验了货币政策的传导机制的微观经济后果，但是对于微观企业的债务融资行为及其经济后果如何影响货币当局的政策制定，以及货币政策与企业融资行为之间是如何互相动态影响，微观企业经济行为的反馈机制也有待进一步研究。

参考文献

[1] 巴曙松，刘孝红，牛播坤．转型时期中国金融体系中的地方治理与银行改革的互动研究［J］．金融研究，2005（5）：25-37.

[2] 才静涵，刘红忠．市场择时理论与中国市场的资本结构［J］．经济科学，2006（4）：59-69.

[3] 曾爱民，傅元略，魏志华．金融危机冲击、财务柔性储备和企业融资行为——来自中国上市公司的经验证据［J］．金融研究，2011（10）：155-169.

[4] 曾爱民，冷虹雨，魏志华．危机冲击、会计稳健性与债务资源配置［J］．商业经济与管理，2016（12）：62-72.

[5] 曾颖，陆正飞．信息披露质量与股权融资成本［J］．经济研究，2006（2）：69-79，91.

[6] 陈冬华，陈信元，万华林．国有企业中的薪酬管制与在职消费［J］．经济研究，2005（2）：92-101.

[7] 陈耿，周军．企业债务融资结构研究——一个基于代理成本的理论分析［J］．财经研究，2004（2）：58-65.

[8] 陈红，陈玉秀，杨燕雯．表外负债与会计信息质量、商业信用——基于上市公司表外负债监察角度的实证研究［J］．南开管理评论，2014（1）：69-75.

[9] 陈彦斌，陈小亮，陈伟泽．利率管制与总需求结构失衡［J］．经济研究，2014（2）：18-31.

[10] 戴国海，李伟．SHIBOR 在我国基准利率体系中的地位及

其完善渠道研究［J］．金融监管研究，2013（6）：31－54.

［11］段云，国瑶．政治关系、货币政策与债务结构研究［J］．南开管理评论，2012（5）：84－94.

［12］方军雄．民营上市公司真的面临银行贷款歧视吗？［J］．管理世界，2010（11）：123－131.

［13］方先明．价格型货币政策操作框架：利率走廊的条件、机制与实现［J］．经济理论与经济管理，2015（6）：43－51.

［14］冯展斌，杨兴全，李庆德．企业借款增强抑或降低盈余质量——基于外部治理环境和宏观经济政策的研究［J］．金融论坛，2013（12）：68－77.

［15］龚强，张一林，林毅夫．产业结构、风险特性与最优金融结构［J］．经济研究，2014（4）：4－16.

［16］韩德宗，李艳荣．我国上市公司再融资顺序的实证研究［J］．财经论丛（浙江财经学院学报），2003（1）：52－57.

［17］赫然．货币政策与上市公司信用资源配置研究［D］．西南财经大学，2014.

［18］胡锋，林冰茹．货币政策对公司资本结构的影响效应研究——来自中国上市公司的证据［J］．山西财经大学学报，2015（11）：27－40.

［19］胡国晖，袁静茹．宏观经济波动、信用倾向与中小企业融资方式——基于中小上市公司的实证分析［J］．金融论坛，2016（11）：42－51.

［20］黄正新，舒芳．中国货币政策利率传导机制及其效应的实证［J］．统计与决策，2012（22）：146－149.

［21］黄志忠，谢军．宏观货币政策、区域金融发展和企业融资约束——货币政策传导机制的微观证据［J］．会计研究，2013（1）：63－69，96.

［22］江春，陈永．中国利率市场化阶段利率规则探究——基于

对泰勒规则的扩展 [J]. 财贸研究, 2014 (3): 100 - 107.

[23] 江伟, 李斌. 制度环境、国有产权与银行差别贷款 [J]. 金融研究, 2006 (11): 116 - 126.

[24] 姜付秀, 屈耀辉, 陆正飞, 等. 产品市场竞争与资本结构动态调整 [J]. 经济研究, 2008 (4): 99 - 110.

[25] 雷森, 李传昭, 李奔波. 信号传递下的企业债务期限结构选择 [J]. 重庆大学学报 (自然科学版), 2004 (9): 143 - 145, 152.

[26] 李斌. 央行的利率调控机制与利率市场化 [J]. 经济社会体制比较, 2014 (1): 31 - 41.

[27] 李健, 陈传明. 企业家政治关联、所有制与企业债务期限结构——基于转型经济制度背景的实证研究 [J]. 金融研究, 2013 (3): 157 - 169.

[28] 李连军, 戴经纬. 货币政策、会计稳健性与融资约束 [J]. 审计与经济研究, 2016 (1): 75 - 82.

[29] 李若愚. 当前金融形势分析与政策建议 [J]. 宏观经济管理, 2015 (9): 16 - 18, 26.

[30] 李四海, 邹萍, 宋献中. 货币政策、信贷资源配置与金融漏损——来自我国上市公司的经验证据 [J]. 经济科学, 2015 (3): 77 - 88.

[31] 李维安, 陈钢. 高管持股、会计稳健性与并购绩效——来自沪深 A 股上市公司的经验证据 [J]. 审计与经济研究, 2015 (4): 3 - 12.

[32] 林毅夫, 孙希芳. 信息、非正规金融与中小企业融资 [J]. 经济研究, 2005 (7): 35 - 44.

[33] 林毅夫. 中国当前经济形势与未来发展展望 [J]. 外交评论 (外交学院学报), 2007 (3): 6 - 13.

[34] 刘丰. 利率市场化进程中我国货币政策利率渠道传导的有

效性研究［D］．昆明理工大学，2015.

［35］刘慧龙，王成方，吴联生．决策权配置、盈余管理与投资效率［J］．经济研究，2014（8）：93－106.

［36］刘星，李宁，张超．银行竞争、终极控制与债务配置结构［J］．会计研究，2015（10）：46－52，98.

［37］陆正飞，杨德明．商业信用：替代性融资，还是买方市场？［J］．管理世界，2011（4）：6－14，45.

［38］陆正飞，张会丽．会计准则变革与子公司盈余信息的决策有用性——来自中国资本市场的经验证据［J］．会计研究，2009（5）：20－28，96.

［39］陆正飞，祝继高，樊铮．银根紧缩、信贷歧视与民营上市公司投资者利益损失［J］．金融研究，2009（8）：124－136.

［40］陆正飞，祝继高，孙便霞．盈余管理、会计信息与银行债务契约［J］．管理世界，2008（3）：152－158.

［41］罗琦，胡亦秋．公司自由现金流与资本结构动态调整［J］．财贸研究，2016（3）：117－125.

［42］马文超，胡思玥．货币政策、信贷渠道与资本结构［J］．会计研究，2012（11）：39－48，94－95.

［43］马永强，赖黎，曾建光．盈余管理方式与信贷资源配置［J］．会计研究，2014（12）：39－45，95.

［44］闵亮，沈悦．宏观冲击下的资本结构动态调整——基于融资约束的差异性分析［J］．中国工业经济，2011（5）：109－118.

［45］彭方平，王少平．我国货币政策的微观效应——基于非线性光滑转换面板模型的实证研究［J］．金融研究，2007（9）：31－41.

［46］蓁好东，曹伟，赵璨．货币政策、地方政府质量与企业融资约束——基于货币政策传导机制影响的研究［J］．财贸经济，2015（4）：32－45.

[47] 饶品贵，姜国华. 货币政策、信贷资源配置与企业业绩[J]. 管理世界，2013 (3)：12-22，47，187.

[48] 饶品贵，姜国华. 货币政策波动、银行信贷与会计稳健性[J]. 金融研究，2011 (3)：51-71.

[49] 饶品贵，姜国华. 货币政策对银行信贷与商业信用互动关系影响研究 [J]. 经济研究，2013 (1)：68-82，150.

[50] 盛松成，吴培新. 中国货币政策的二元传导机制——"两中介目标，两调控对象"模式研究 [J]. 经济研究，2008 (10)：37-51.

[51] 孙铮，李增泉，王景斌. 所有权性质、会计信息与债务契约——来自我国上市公司的经验证据 [J]. 管理世界，2006 (10)：100-107，149.

[52] 孙铮，刘凤委，李增泉. 市场化程度、政府干预与企业债务期限结构——来自我国上市公司的经验证据 [J]. 经济研究，2005 (5)：52-63.

[53] 索彦峰，于波. 转型期货币渠道与信贷渠道有效性的实证研究 [J]. 财经论丛 (浙江财经学院学报)，2006 (6)：42-48.

[54] 王兵. 盈余质量与资本成本——来自中国上市公司的经验证据 [J]. 管理科学，2008 (3)：67-73.

[55] 王博森，施丹. 市场特征下会计信息对债券定价的作用研究 [J]. 会计研究，2014 (4)：19-26，95.

[56] 王国静，田国强. 金融冲击和中国经济波动 [J]. 经济研究，2014 (3)：20-34.

[57] 王克岭，刘春江，付宇翔. 利率与公司债务期限结构的实证研究——基于制造业的经验分析 [J]. 华东经济管理，2015 (1)：103-111.

[58] 王亮亮. 金融危机冲击、融资约束与公司避税 [J]. 南开管理评论，2016 (1)：155-168.

[59] 王森，王敬，刘佳佳．利率的变化对投资和经济增长的影响——基于2000—2012年的数据分析［J］．宏观经济研究，2014（1）：43－50.

[60] 王振山，王志强．我国货币政策传导途径的实证研究［J］．财经问题研究，2000（12）：60－63.

[61] 肖作平．对我国上市公司债务期限结构影响因素的分析［J］．经济科学，2005（3）：80－89.

[62] 肖作平．行业类别和公司债务期限结构选择——来自中国上市公司的经验证据［J］．证券市场导报，2009（9）：50－56.

[63] 肖作平．终极控制股东对债务期限结构选择的影响：来自中国上市公司的经验证据［J］．南开管理评论，2011（6）：25－35.

[64] 谢军．债务期限结构、公司治理和政府保护：基于投资者保护视角的分析［J］．经济评论，2008（1）：123－128.

[65] 许娟娟，陈艳，陈志阳．股权激励、盈余管理与公司绩效［J］．山西财经大学学报，2016（3）：100－112.

[66] 杨兴全，郑军．基于代理成本的企业债务融资契约安排研究［J］．会计研究，2004（7）：61－66.

[67] 姚立杰，夏冬林．我国银行能识别借款企业的盈余质量吗？［J］．审计研究，2009（3）：91－96.

[68] 叶康涛，祝继高．银根紧缩与信贷资源配置［J］．管理世界，2009（1）：22－28，188.

[69] 易纲，王召．货币政策与金融资产价格［J］．经济研究，2002（3）：13－20，92.

[70] 尤苒．货币政策影响下的会计信息是否有用？——关于会计信息对信贷决策有用性的研究［J］．金融论坛，2015（12）：34－41，52.

[71] 余明桂，潘红波．所有权性质、商业信用与信贷资源配置效率［J］．经济管理，2010（8）：106－117.

[72] 余元全. 股票市场影响我国货币政策传导机制的实证分析[J]. 数量经济技术经济研究, 2004 (3): 140-148.

[73] 袁卫秋, 汪立静. 货币政策、信息披露质量与商业信用融资 [J]. 云南财经大学学报, 2016 (1): 121-131.

[74] 张辉, 黄泽华. 我国货币政策利率传导机制的实证研究[J]. 经济学动态, 2011 (3): 54-58.

[75] 张奎. 中国货币政策有效性研究 [D]. 吉林大学, 2015.

[76] 张梦云, 雷文妮, 曹玉瑾, 等. 信贷供给与经济波动: 我国货币政策银行信贷渠道的微观检验 [J]. 宏观经济研究, 2016 (1): 59-72, 120.

[77] 张卫杰. 我国货币政策利率传导机制的实证研究 [J]. 实事求是, 2014 (2): 46-48.

[78] 张肖飞, 郭闪闪, 曹越. 分层信息质量、市场流动性与资本结构动态调整 [J]. 科学决策, 2015 (12): 57-75.

[79] 郑军, 林钟高, 彭琳. 货币政策、内部控制质量与债务融资成本 [J]. 当代财经, 2013 (9): 118-129.

[80] 钟凯. 货币政策动态调整、地区金融发展与资源配置效率[D]: 北京交通大学, 2016.

[81] 周玮, 徐玉德. 会计稳健性与公司债务融资行为研究[J]. 财政研究, 2014 (7): 72-75.

[82] 周英章, 蒋振声. 货币渠道、信用渠道与货币政策有效性——中国 1993-2001 年的实证分析和政策含义 [J]. 金融研究, 2002 (9): 34-43.

[83] 朱焱, 孙淑伟. 货币政策、信息环境与公司债利差 [J]. 证券市场导报, 2016 (3): 24-31.

[84] 祝继高, 陆正飞. 产权性质、股权再融资与资源配置效率[J]. 金融研究, 2011 (1): 131-148.

[85] 祝继高, 陆正飞. 货币政策、企业成长与现金持有水平变

化［J］. 管理世界，2009（3）：152－158，188.

［86］邹萍．会计盈余质量与资本结构动态调整［J］. 中南财经政法大学学报，2014（3）：115－122，159－160.

［87］Allen，F.，Qian，J.，Qian，M.，2005，“Law，Finance，and Economic Growth in China”，Journal of Financial Economics，77：57－116.

［88］Almeida，H.，Campello，M.，2006，“Financial constraints，asset tangibility，and corporate investment”，Review of Financial Studies，20（5）：1429－1460.

［89］Anand，J.，2013，“Earnings Management Around Debt-Covenant Violations-An Empirical Investigation Using a Large Sample of Quarterly Data”，Journal of Accounting，Auditing Finance，28（4）：369－396.

［90］Balakrishnan，K.，Core，J. E.，Verdi，R. S.，2014，“The relation between reporting quality and financing and investment：evidence from changes in financing capacity”，Journal of Accounting Research，52（1）：1－36.

［91］Ball，R.，Shivakumar，L.，2005，“Earnings quality in U. K. private firms”，Journal Accounting and Economics，39（1）：83－128.

［92］Barnea，A.，Haugen，R. A.，Senbet，L. W.，1980，“A rationale for debt maturity structure and call provisions in the agency theoretic framework”，The Journal of Finance，35（5）：1223－1234.

［93］Basu，S.，1997，“The Conservatism Principle and the Asymmetric Timeliness of Earnings”，Journal of Accounting and Economics，24（1）：3－37.

［94］Beatty，A.，Liao，W. S.，Weber，J.，2010，“The effect of private information and monitoring on the role of accounting quality in investment decisions”，Contemporary Accounting Research，27（1）：

17 –47.

[95] Becker, B., Ivashina, V., 2011, "Cyclicality of credit supply: firm level evidence", Journal of Monetary Economics, 62 (1): 76 –93.

[96] Beneish, M. D., 1997, "Detecting gap violation: implications for assessing earnings management among firms with extreme financial performance", Journal of Accounting Public Policy, 16 (3): 271 –309.

[97] Berger, A. N., Espinosa-Vega, M. A., Frame, W. S., Miller, N. H., 2005, "Debt maturity, risk, and asymmetric information", The Journal of Finance, 60 (6): 2895 –2923.

[98] Berger, A. N., Black, L., 2011. "Bank Size, Lending Technologies, and Small Business Finance", Journal of Banking and Finance, 35 (3): 724 –35.

[99] Berger, A. N., Bouwman, C. H. S., 2009, "Bank Liquidity Creation", Review of Financial Studies, 22 (9): 3779 –3837.

[100] Berger, A. N., Udell, G. F., 1998, "The economics of small business finance: The roles of private equity and debt markets in the financial growth cycle", Journal of Banking and Finance, 22 (68): 613 –673.

[101] Bernanke, B. S., Blinder, A. S., 1988, "Credit, money, and aggregate demand", American Economic Review, 78 (2): 435 –439.

[102] Bernanke, B. S., Gertler, M., 1989, "Agency Costs, Net Worth, and Business Fluctuations", American Economic Review, 79 (1): 14 –31.

[103] Bernanke, B. S., Gertler, M., 1995, "Inside the black box: the credit channel of monetary policy transmission", Journal of Economic Perspectives, 9 (4): 27 –48.

[104] Bernanke, B. S. , Blinder, A. S. , 1992, "The federal funds rate and the channels of monetary transmission", American Economic Review, 82 (4): 901 -921.

[105] Bharath, S. T. , Sunder, J. , Sunder, S. V. , 2008, "Accounting quality and debt contracting", Accounting Review, 83 (1): 1 -28.

[106] Bhattacharya, S. , Chiesa, G. , 1995, "Proprietary information, financial intermediation, and research incentives", Journal of Financial Intermediation, 4 (4): 328 -357.

[107] Biddle, G. C. , Hilary, G. , Verdi, R. S. , 2009, "How does financial reporting quality relate to investment efficiency? ", Journal of Accounting Economics, 48 (23): 112 -131.

[108] Black, F. , Scholes, M. , 1973, "The pricing of options and corporate liabilities", The Journal of Political Economy, 81 (3): 637 -654.

[109] Black, L. K. , Rosen, R. J. , 2016, "Monetary policy, loan maturity, and credit availability", International Journal of Central Banking, 3: 199 -230.

[110] Borio, C. , Zhu, H. , 2012, "Capital regulation, risk-taking and monetary policy: a missing link in the transmission mechanism? ", journal of financial stability, 8 (4): 236 -251.

[111] Botosan, C. A. , 1997, "Disclosure level and the cost of equity capital", Accounting Review, 72 (3): 323 -349.

[112] Bougheas, S. , Mizen, P. , Yalcin, C. , 2006, "Access to external finance: theory and evidence on the impact of monetary policy and firm-specific characteristics", Journal of Banking Finance, 30 (1): 199 -227.

[113] Boyd, J. H. , Prescott, E. C. , 1986, "Financial interme-

diary coalitions", Journal of Economic Theory, 38 (2): 211 -32.

[114] Brick, I. E. , Ravid, S. A. , 1985, "On the relevance of debt maturity structure", The Journal of Finance, 40 (5): 1423 - 1437.

[115] Brockman, P. , Martin, X. , Unlu, E. , 2010, "Executive compensation and the maturity structure of corporate debt", The Journal of Finance, 65 (3): 1123 - 1161.

[116] Choi, W. G. , Kim, Y. , 2005, "Trade credit and the effect of macro-financial shocks: evidence from u. s. panel data", Journal of Financial and Quantitative Analysis, 40 (4): 897 -925.

[117] Costello, A. M. , Wittenberg-Moerman, R. , 2011, "The impact of financial reporting quality on debt contracting: evidence from internal control weakness reports", Journal of Accounting Research, 49 (1): 97 - 136.

[118] Cull, R. , Xu, L. C. , 2005, "Institutions, ownership, and finance: the determinants of profit reinvestment among chinese firms", Journal of Financial Economics, 77 (1): 117 -146.

[119] Custodio. c. , Ferreira, M. A. , Laureano, L. , 2013, "Why are US Firms Using More Short term Debt? ", Journal of Financial Economics, 108 (1): 182 -212.

[120] Dan, S. D. , Khurana, I. K. , Pereira, R. , 2011, "Firm disclosure policy and the choice between private and public debt ", Contemporary Accounting Research, 28 (1): 293 -330.

[121] Deangelo, H. , Deangelo, L. , Stulz, R. M. , 2010, "Seasoned equity offerings, market timing, and the corporate lifecycle ", Journal of Financial Economics, 95 (3): 275 -295.

[122] Deangelo, H. , Deangelo, L. , Whited, T. M. , 2011, "Capital structure dynamics and transitory debt ", Journal of Financial Economics, 99 (2): 235 -261.

[123] Dechow, P. M., Dichev, I. D., 2002, "The quality of accruals and earnings: the role of accrual estimation errors", Social Science Electronic Publishing, 77: 35 –59.

[124] Dechow, P. M., 1992, "Accounting earnings and cash flows as measures of firm performance: the role of accounting accruals", Journal of Accounting Economics, 18 (1): 3 –42.

[125] Dechow, P. M., Sloan, R. G., Sweeney, A. P., 1995, "Detecting earnings management", The Accounting Review, 70 (2): 193 –225.

[126] Denis, D. J., Mckeon, S. B., 2010, "Debt financing and financial flexibility evidence from proactive leverage increases", Social Science Electronic Publishing, 25 (1243).

[127] Denis, D. J., Mihov, V. T., 2003, "The choice among bank debt, non-bank private debt, and public debt: evidence from new corporate borrowings", Journal of Financial Economics, 70 (1): 2 –28.

[128] Denis, D. J., Sibilkov, V., 2010, "Financial constraints, investment, and the value of cash holdings", Review of Financial Studies, 23 (1): 247 –269.

[129] Denison, C. A., Farrell, A. M., Jackson, K. E., 2012, "Managers' incorporation of the value of real options into their long-term investment decisions: an experimental investigation", Contemporary Accounting Research, 29 (2): 590 –620.

[130] Diamond, D. W., 1991, "Monitoring and reputation: the choice between bank loans and directly placed debt", Journal of Political Economy, 99: 689 –721.

[131] Diamond, D. W., 1994, "Corporate capital structure: the control roles of bank and public debt with taxes and costly bankruptcy", Social Science Electronic Publishing, 80: 11 –37.

[132] Diamond, D. W., 1984, "Financial intermediation and delegated monitoring", Review of Economics Studies, 51: 393-414.

[133] Diamond, D. W., 1991, "Debt Maturity and Liquidity Risk", Quarterly Journal of Economics, 106: 709-737.

[134] Duffie, D., Lando, D., 2001, "Term structures of credit spreads with incomplete accounting information", Econometrica, 69 (3): 633-664.

[135] Erel, I., Julio, B., Kim, W., Weisbach, M. S., 2012, "Macroeconomic conditions and capital raising", Review of Financial Studies, 25 (2): 341-376.

[136] Fama, E., 1985. "What's different about banks?", Journal of Monetary Economics, 15 (1): 29-39.

[137] Fan, J. P. H., Titman, S., Twite, G., 2012, "An international comparison of capital structure and debt maturity choices", Journal of Financial and Quantitative Analysis, 47 (1): 23-56.

[138] Faulkender, M., Petersen, M. A., 2003, "Does the source of capital affect capital structure?", Review of Financial Studies, 19 (1): 45-79.

[139] Feltham, G., Robb, S., Zhang, P., 2007, "Precision in accounting information, financial leverage and the value of equity", Journal of Business Finance Accounting, 34 (78): 1099-1122.

[140] Finnerty, J. D., Emery, D. R., 2012, "Debt Management:: A Practitioner's Guide", Oxford University Press.

[141] Fisher, E. O., Heinkel, R., Zechner, J., 1989, "Dynamic capital choice: Theory and evidence", Journal of Finance, 44 (1): 19-110.

[142] Flannery, M. J., 1986, "Asymmetric information and risky debt maturity choice", The Journal of Finance, 41 (1): 19-37.

[143] Flannery, M. J., Protopapadakis, A. A., 2002, "Macroeconomic factors do influence aggregate stock returns", Review of Financial Studies, 15 (15): 751-782.

[144] Flannery, M. J., Rangan, K. P., 2006, "Partial adjustment toward target capital structures", Journal of Financial Economics, 79 (3): 469-506.

[145] Francis, J., Lafond, R., Schipper, K., 2004, "Costs of equity and earnings attributes", Accounting Review, 79 (4): 967-1010.

[146] Francis, J., Nanda, D., Olsson, P., 2008, "Voluntary disclosure, earnings quality, and cost of capital", Journal of Accounting Research, 46 (1): 53-99.

[147] Frankel, R., Mcnichols, M., Wilson, G. P., 1995, "Discretionary disclosure and external financing", Accounting Review A Quarterly Journal of the American Accounting Association, 70 (1): 135-150.

[148] García-Teruel, P. J., Martínez-Solano, P., Sánchez-Ballesta, J. P., 2014, "The role of accruals quality in the access to bank debt", Journal of Banking Finance, 38: 186-193.

[149] Gertler, M., Gilchrist, S., 1993, "Monetary policy, business cycles, and the behavior of small manufacturing firms", Quarterly Journal of Economics, 109 (2): 309-340.

[150] Gomariz, M. F. C., Ballesta, J. P. S., 2014, "Financial reporting quality, debt maturity and investment efficiency", Journal of Banking Finance, 40 (1): 494-506.

[151] Goswami, G., Noe, T., Rebello, M., 1995, "Debt financing under asymmetric information", The Journal of Finance, 50 (2): 633-659.

[152] Graham, J. R., Harvey, C. R., Rajgopal, S., 2005, "The

economic implications of corporate financial reporting ", Journal of Accounting Economics, 40 (13): 3 –73.

[153] Haan, L. D. , 2003, "Microdata evidence on the bank lending channel in the Netherlands", De Economist, 151 (3): 293 –315.

[154] Hackbarth, D. , J. Miao, Morellec, E. , 2006, "Capital credit risk. And macroeconomic conditions", Journal of Financial Economics, 82 (3): 19 –550.

[155] Hart, O. , Moore, J. , 1994, "A theory of debt based on the inalienability of human capital", Quarterly Journal of Economics, 109 (4): 841 –879.

[156] Hu, C. X. , 1999, "Leverage, monetary policy, and firm investment", Economic Review, 2 (2): 32 –39.

[157] Huang, R. , Ritter, J. R. , 2009, "Testing theories of capital structure and estimating the speed of adjustment", Journal of Financial and Quantitative Analysis, 44 (2): 237 –271.

[158] Jensen, M. C. , 1986, "Agency costs of free cash flow, corporate finance, and takeovers", American Economic Review, 76 (2): 323 –329.

[159] Jensen, M. C. , Meckling, W. H. , 1976. "Theory of the Firm: managerial behavior, agency cost and ownership structure", Journal of Financial Economics, 3 (4): 305 – 360.

[160] Jiménez, G. , Ongena, S. , Peydró, J. L. , Saurina, J. , 2012, "Credit supply and monetary policy: identifying the bank balance-sheet channel with loan applications", American Economic Review, 102 (5): 2301 –2326.

[161] Jiménez, G. , Ongena, S. , Peydró, J. L. , Saurina, J. , 2014, "Hazardous Times for Monetary Policy: What Do Twenty-three Million Bank Loans Say about the Effects of Monetary Policy on Credit Risk-

Taking? ", Econometrica, 82 (2): 463 - 505.

[162] Johnson, S. A., 1997, "An empirical analysis of the determinants of corporate debt ownership structure", Journal of Financial and Quantitative Analysis, 32 (1): 47 - 69.

[163] Jones, J. J., 1991, "Earnings management during import relief investigations", Journal of Accounting Research, 29 (2): 193 - 228.

[164] Kakes, J., Sturm, J. E., 2002, "Monetary policy and bank lending evidence from German banking groups", Journal of Banking Finance, 26 (11): 2077 - 2092.

[165] Karagiannis, S., Panagopoulos, Y., Vlamis, P., 2010, "Interest rate pass-through in Europe and the us: monetary policy after the financial crisis., 32 (3): 323 - 338.

[166] Kashyap, A. K., Stein, J. C., 2000, "What do a million observations on banks say about the transmission of monetary policy? ", American Economic Review, 90 (3): 407 - 428.

[167] Kashyap, A. K., Stein, J. C., Wilcox, D. W., 1993, "Monetary Policy and Credit Conditions: Evidence from the Composition of External Finance", The American Economic Review, 83 (1): 78 - 98.

[168] Kayhan, A., Titman, S., 2007, "Firms' histories and their capital structures", Journal of Financial Economics, 83 (1): 1 - 32.

[169] Kirschenmann, K. L. N., 2012, "The relationship between borrower risk and loan maturity in small business lending", Journal of Business Finance Accounting, 39 (5 - 6): 730 - 757.

[170] Kisgen, D. J., 2006, "Credit ratings and capital structure", The Journal of Finance, 61 (3): 1035 - 1072.

[171] Kishan, R., Opiela, T., 2012, "Monetary Policy, Bank Lending, and the Risk-Pricing Channel", Journal of Money, Credit and Banking, 44 (4): 573 - 602.

[172] Leary, M. T., 2009, "Bank loan supply, lender choice, and corporate capital structure", The Journal of Finance, 64 (3): 1143 - 1185.

[173] Leland, H. E., Toft, K. B., 1996, "Optimal capital structure, endogenous bankruptcy, and the term structure of credit spreads", The Journal of Finance, 51 (3): 987 - 1019.

[174] Lemmon, M. L., Roberts, M. R., Zender, J. F., 2008, "Back to the beginning: persistence and the cross-section of corporate capital structure", The Journal of Finance, 63 (4): 1575 - 1608.

[175] Lemmon, M. L., Zender, J. F., 2010, "Debt capacity and tests of capital structure theories", Journal of Financial and Quantitative Analysis, 45 (5): 1161 - 1187.

[176] Lemmon, M. L., Roberts, M. R., 2010, "The response of corporate financing and investment to changes in the supply of credit", Journal of Financial and Quantitative Analysis, 45 (3): 555 - 587.

[177] Lin, C., Ma, Y., Malatesta, P., Xuan, Y., 2013, "Corporate ownership structure and the choice between bank debt and public debt", Journal of Financial Economics, 109 (2): 517 - 534.

[178] Mccallum, B. T., 1983, "On non-uniqueness in rational expectations models: an attempt at perspective", Journal of Monetary Economics, 11 (2): 139 - 168.

[179] Modigliani, F., Miller, M., 1958, "The cost of capital, lion finance and the theory of investment", American Economic Review, 48 (3): 261 - 297.

[180] Morgan, D. P., 1998, "The credit effects of monetary policy: evidence using loan commitments", Journal of Money Credit Banking, 30 (1): 102 - 118.

[181] Morris, J. R., 1976, "A model for corporate debt maturity

decisions", Journal of Financial and Quantitative Analysis, 11 (3): 339 - 357.

[182] Myers S. C., 1977, "Determinants of corporate borrowing", Journal of Financial Economics, 5: 147 - 175.

[183] Myers, S. C., Majluf, N. S., 1984, "Corporate financing and investment decisions when firms have information that investors do not have", Journal of Financial Economics, 13 (2): 187 - 221.

[184] North, D. C., 1999, "Institutions, Institutional Change, and Economic Performance", Cambridge University Press.

[185] Oliner, S. D., Rudebusch, G. D., 1991, "Monetary policy and credit conditions: evidence from the composition of external finance: comment", American Economic Review, 86 (1): 300 - 309.

[186] Petersen, M., Rajan, R., 1997, "Trade Credit: Theories and Evidence", Review of Financial Studies, 10: 661 - 691.

[187] Rajan, R. G., 1992, "Insiders and outsiders: the choice between informed and arm's-length debt", The Journal of Finance, 47 (4): 1367 - 1400.

[188] Ramakrishnan, R. T. S., Thakor, A. V., 2003, "Information reliability and a theory of financial intermediation", Review of Economic Studies, 51 (3): 415 - 432.

[189] Sapienza, P., 2004, "The effects of government ownership on bank lending ", Journal of Financial Economics, 72 (2): 357 - 384.

[190] Stiglitz, J. E., Weiss, A., 1981, "Credit rationing in markets with imperfect information", American Economic Review, 71 (3): 393 - 410.

[191] Sufi, A., 2007, "Information asymmetry and financing arrangements: evidence from syndicated loans", The Journal of Finance,

62 (2): 629 –668.

[192] Tobin, J., 1969, "A general equilibrium approach to monetary theory", Journal of Money Credit Banking, 1 (1): 15 –29.

[193] Watts, R. L., Zimmerman, J. L., 1990, "Positive accounting theory: a ten year perspective", Accounting Review, 65 (1): 131 –156.